Un grand week-end
à Cracovie

Un grand week-end
à Cracovie

C'est la plus polonaise des villes de Pologne. Passé et présent y sont intimement mêlés. Ancrée dans l'histoire, mystique, Cracovie n'a rien d'un musée poussiéreux. La vie y bat son plein, au rythme des étudiants, des artistes, des marchandes de fleurs, des animateurs de rue, des calèches, des dizaines de terrasses de café et les pubs.

Nicolas Copernic, le pape Jean-Paul II, Tadeusz Kantor, Krzysztof Penderecki, Andrzej Wajda et Steven Spielberg ont foulé ses pavés.
Pour le plus grand plaisir des sens et de l'imagination, les monuments historiques y foisonnent : trois cents demeures classées, une soixantaine d'églises et de palais à l'abri de remparts médiévaux. L'académie de Cracovie, aujourd'hui l'université Jagellon, est l'une des plus anciennes universités d'Europe (1364). Inchangé depuis des siècles, le tracé en échiquier de la vieille ville s'est organisé autour de l'une des plus grandes places de marché de l'Europe du Moyen Âge, le Rynek, d'une superficie de 4 ha. Le retable de l'artiste de Nuremberg Veit Stoss, le plus grand et le plus précieux des retables gothiques européens en bois, est la perle de l'église Notre-Dame. Mais la célébrité de Cracovie, dans l'enceinte des Planty, ce sont aussi ses deux cents restaurants, pubs et cafés installés

dans des caves gothiques. Pareille densité est unique en Europe. Ils sont près d'une centaine autour du Rynek. À Kazimierz, l'ancien quartier juif, aujourd'hui quartier branché où se côtoient la culture juive et le monde underground, il en naît presque un par jour. La vie nocturne y est très animée. À toute heure du jour, cafés, salons de thé, bars à *pierogi*, sans oublier le marché aux puces dominical sur la place Nowy, redonnent vie à l'ancienne ville juive.
Autre attrait pour les touristes : les églises et les lieux mystiques, d'où

il émane une formidable énergie. La colline du Wawel recèle l'un des sept chakrams du monde. Selon la légende, déposez des vœux sur la tombe du rabbin Isserles, dont la dépouille repose dans le cimetière Remu'h depuis le XVIe s., et ils seront exaucés. Mariez-vous à l'église des Capucins, et ce sera le bonheur assuré. Posez la main sur le battant de la cloche Sigismond, et vous vous verrez détenteur de

pouvoirs magiques. Pour les cas les plus désespérés, vous direz une prière dans la chapelle Saint-Antoine de l'église Notre-Dame.
« La Florence du nord », « la Rome polonaise », « la capitale intellectuelle de la Pologne », « la ville de Copernic », « la capitale des rois »... Visiteurs et journalistes rivalisent d'appellations pour exprimer le génie du lieu. Cracovie est depuis 1978 l'un des douze sites inscrits sur la première liste du Patrimoine mondial culturel et naturel de l'Unesco. Elle a obtenu en 1986 l'Oscar symbolique du tourisme, la « Pomme d'or », prix du Forum mondial des journalistes du tourisme ; et en 2000 le titre de Ville européenne de la Culture. Les châteaux, palais, auberges, grottes et parcs naturels des environs font de cette ville, située dans une cuvette entourée de collines pittoresques, une bonne base pour des excursions. Allez à la mine de sel de Wieliczka, l'une des plus vieilles du monde ! Déjeunez au château Renaissance de Pieskowa Skała ! Promenez-vous dans le parc national d'Ojców ! Visitez Zakopane, la capitale polonaise des sports d'hiver ! Allez écouter un concert d'orgue au monastère de Tyniec, ou faites une balade dans le bois Wolski, pour y découvrir le zoo et le superbe couvent des Camaldules. Ancienne et moderne, prête à relever les défis tout en restant attachée à François-Joseph, Cracovie est la plus européenne et la plus polonaise des villes de Pologne. Épargnée par la Seconde Guerre mondiale, elle perpétue les traditions séculaires de la cité installée au pied du Wawel.

Partir à Cracovie

Le climat

Cracovie vous charmera même sous la pluie. Mais la meilleure saison pour vous y rendre se situe entre avril et mi-octobre. En mai, vous profiterez de la tendre verdure des Planty, et par les longues journées de juin caniculaires, vous conjuguerez visites et baignades à Kryspinów ou aux Bagry. Les quatre saisons sont bien distinctes. L'été, s'il fait beau, le thermomètre peut monter jusqu'à 30 °C, mais prévoyez tout de même parapluie, imperméable et petite laine car il peut descendre jusqu'à 16 °C ! L'hiver, le mercure oscille entre 0 °C et – 5 °C. Les personnes sensibles aux variations météorologiques peuvent ressentir les effets du *halny*, un vent chaud du sud soufflant épisodiquement au cours de l'année, accompagné de pluie, de neige et d'une chute de la pression atmosphérique. Beaucoup de gens éprouvent alors une sensation de malaise.

TÉLÉPHONER À CRACOVIE

Pour appeler à Cracovie, composez le 00 48 suivi du 12 (indicatif de Cracovie) puis du numéro de votre correspondant (voir aussi p. 36).

Comment s'y rendre ?

En avion

L'aéroport de Balice est relié aux grands aéroports internationaux : Rome, Paris, Londres, Vienne, Amsterdam, Francfort, Prague, Milan, New York, Chicago, Tel Aviv.

• Desservi par les compagnies SkyEurope, EasyJet, Germanwings, Centralwings et Norwegian, il est en passe de devenir l'une des plus grandes bases de vols *low cost* en Europe centrale :
www.skyeurope.com
www.easyjet.com
www.germanwings.com
www.centralwings.com.

• Sinon, l'idéal est de partir avec LOT :
27, rue du quatre-septembre
75002 Paris
☎ 01 47 42 05 60
www.lot.com
La compagnie propose un vol quotidien, direct (2h20 de vol).

• Air France propose cinq vols quotidiens vers Cracovie… via Prague (Air France entre Paris et Prague ; Czech Airlines entre Prague et Paris). Il vous faudra compter entre 4h et 6h40 de trajet. Pour le retour, vous aurez le choix entre deux vols quotidiens.
Possibilité de départ depuis Marseille (via Prague ; un vol quotidien).
Air France :
☎ 0820 320 820
www.airfrance.fr
CSA (Czech Airlines) :
17, avenue de l'Opéra
75002 Paris
☎ 01 47 42 18 58
www.czechairlines.com

• D'autres compagnies aériennes assurent la liaison avec Cracovie : **Lufthansa** (www.lufthansa.fr, ☎ 0826 10 33 34) ; **Malèv** (www.malev.com, ☎ 01 43 12 36 26) ; **Austrian Airlines** (www.austrian.com, ☎ 0820 816 816) ; **Alitalia** (www.alitalia.fr, infos au ☎ 01 4 94 44 20 ; résas passager au ☎ 0820 315 315).

• Pensez aussi à vous adresser à des TO, qui peuvent vous proposer un séjour tout compris :
Amslav Tourisme :
☎ 01 44 88 20 40

ADRESSES UTILES SUR INTERNET

. www.krakow.pl :
Bonnes informations pratiques sur les hôtels et restaurants, sur les spectacles, et un guide des principaux sites.
. www.krakow.naszemiasto.pl :
Hébergement (hôtels, appartements, pensions de famille, chambres d'hôtes, campings, auberges de jeunesse, gîtes d'étape) ; programme des cinémas, théâtres, radio et télévision, lieux gastronomiques et distractions.
. www.krakow.zaprasza.net :
Guide intéressant sur l'histoire locale et la vie quotidienne.
. www.knajpy.krakow.pl :
Guide subjectif de Cracovie *by night*.
. www.kazimierz.com :
L'histoire de Kazimierz, ses monuments, ses habitants. Vieilles photographies et légendes.
. www.noce.pl :
Renseignements sur les appartements à louer pour de courtes durées ; réservation sur Internet.
. www.poland.pl et **www.polska.pl :**
Informations générales sur la Pologne, liens vers des sites à thèmes touristiques
. www.culture.pl :
Excellent site sur la culture polonaise, les institutions, les personnalités des milieux artistique et littéraire, et sur les grands rendez-vous culturels.

ou ☎ 01 40 59 62 06
www.amslav.com
Cedok France :
☎ 01 44 94 87 50
www.cedok.fr
Slav'Tours
☎ 02 38 77 07 00
www.slavtours.com
Nouvelles-frontières :
☎ 0825 000 825
www.nouvelles-frontieres.fr
Dans l'aérogare de balice, vous trouverez des distributeurs de billets (Visa, MasterCard), des agences de location de voitures et un bureau de change.
Nul besoin de monnaie pour les chariots à bagages.
À l'étage, deux restaurants et un bar pour un repas chaud. Au rez-de-chaussée, vous trouverez café, thé et de quoi grignoter. Vous pouvez acheter boissons fraîches, thé, café et alcools dans la zone d'embarquement.
Renseignements et réservation sur place :
☎ 012 285 51 20 (24h/24)
www.lotnisko-balice.pl
Polskie Linie Lotnicze LOT
ul. Basztowa 15
☎ 012 22 50 76
ou 0 801 703 703
www.lot.com

En train

Pour aller à Varsovie, vous pourrez partir de Paris Est : départ 8h52, arrivée le lendemain vers 9h (correspondance à Francfort) ; de Paris Nord : départ 15h55, arrivée le lendemain vers 9h (correspondance à Cologne).
Il existe treize liaisons quotidiennes entre Varsovie et Cracovie (2h54 en train express).
La gare principale de Cracovie, Kraków Główny, à dix minutes à pied des anciens remparts, a deux accès : l'un du côté du Rynek, l'autre rue Bosacka, dit « Dworzec Wschodni ».
• SNCF
☎ 36 35
www.voyages-sncf.com
• Renseignements sur place :
☎ 012 94 36
• Réseau national :
☎ 012 422 41 82
• Réseau international :
☎ 012 422 22 48

En car

Les liaisons internationales sont nombreuses, notamment avec Paris, Lille, Rome, Francfort, Prague, Cologne. Ces villes sont desservies par plusieurs compagnies, dont les cars Jordan.
La gare routière est proche de la gare de chemin de fer. Des cars publics ou privés en partent toutes les demi-heures pour Zakopane. Comptez entre 2h et 2h30 de trajet. Vers l'est comme vers l'ouest, le réseau des cars est très développé.
On peut aussi rejoindre de nombreuses villes de Pologne avec les cars **Polski Express** (guichet 13 à la gare routière ☎ 022 844 55).
Renseignements PKS
☎ 012 93 16
Bureau Jordan
☎ 012 429 36 26 (8h-18h)
www.jordan.pl
Eurolines
☎ 032 351 20 20
www.eurolines.pl

De l'aéroport au centre-ville

L'aéroport Jean-Paul II de Balice, à 10 km du centre-ville, est en cours d'extension. Ce sera bientôt le plus grand aéroport de lignes à bas coût d'Europe centrale.

On peut se rendre de l'aéroport en ville en autobus ou en taxi.

Autobus et autorail

L'autobus 192 relie l'aéroport et le centre. Le premier bus part à 5h03, le dernier à 23h07. Si vous arrivez par le dernier vol régulier en provenance de Varsovie (23h20), vous emprunterez le bus de nuit 692. Le premier autobus à destination de l'aéroport part de la place Bohaterów Getta à 4h33, le dernier quitte Balice à 0h06. Le trajet dure 40 min dans la journée, 25 min le soir. Si votre hôtel se trouve à proximité du Rynek, descendez près de l'hôtel Cracovia ou rue Podwale, ou devant le bureau des lignes aériennes polonaises LOT, rue Basztowa, ou encore près de la gare. Pour 8 à 12 zł, vous pourrez vous rendre en taxi à proximité du Rynek ou à Kazimierz. Les tickets d'autobus (2,50 zł) s'achètent dans l'aéroport ou auprès du conducteur (supplément de 0,50 zł). Un supplément est exigé pour les bagages (2,50 zł par bagage de 60×40×20 cm). Si vous devez utiliser les transports en commun, achetez éventuellement un ticket 24 heures à 18,80 zł ou un ticket 72 heures à 25 zł. L'amende pour les passagers sans titre de transport s'élève à 100 zł. Pour aller du centre à l'aéroport, vous pouvez aussi prendre le bus 208 ou l'autorail, un moyen de transport rapide, bon marché et confortable, qui part de la gare principale.

En taxi

Il coûte moins cher de commander un taxi par téléphone ou de demander au chauffeur d'une compagnie de taxi d'en appeler un. Les plus grandes compagnies sont :

- Radio Taxi (☎ 919),
- Krak Taxi (☎ 012 267 67 67 ou 96 65),
- Wawel (☎ 96 66),
- Euro Taxi (☎ 96 64),
- Barbakan (☎ 96 61).

Il est également possible d'appeler un taxi pour l'aéroport en envoyant

L'EXPORTATION DES OBJETS D'ART

Pour exporter un objet d'art non répertorié de moins de cinquante-cinq ans, vous devez être muni d'une attestation spécifiant que l'objet n'est pas interdit d'exportation et peut être exporté sans autorisation particulière. Les attestations sont délivrées par le conservateur en chef de la voïévodie – voir p. 35 – (à Varsovie également par le Service d'estimation des objets d'art du MNW, rue Smolna 14/1). Il faut présenter l'objet et remplir une demande (coût des timbres fiscaux et de l'attestation : env. 12 zł). Le délai est de deux ou trois jours.
Certaines galeries (voir p. 122 : Starmach, Gołogórski, AG, salons Desa) se chargent des formalités. Le zèle des fonctionnaires est variable. Environ 90 % des touristes exportent des gravures sans rien demander à personne. C'est plus difficile pour les tableaux. Les galeries fournissent uniquement des certificats d'authenticité avec un descriptif de l'œuvre et une mention spécifiant qu'elle est postérieure à 1950. Ce type de document ne remplace pas une attestation, mais il est rarement contesté par les services douaniers. La galerie de tableaux AG se charge des démarches pour ses clients. Le tableau leur est adressé ultérieurement par courrier spécial, muni d'une attestation en bonne et due forme.

un SMS. Tapez « Balice-Lotnisko » et envoyez au 71 68.
Il faut compter entre 35 et 40 zł dans la journée. Entre 23h et 5h du matin, le tarif est d'environ 50 zł, au maximum de 60 zł.
Le trajet le plus court passe par la rue Królowej Jadwigi. Il est un peu plus long par Kryspinów. Vous pouvez négocier le prix de la course si vous faites un long trajet.

Louer une voiture

Si vous n'avez pas l'intention de sortir de Cracovie, une voiture vous sera peu utile. Dans le centre historique, la circulation automobile est interdite. Et puis il est plus agréable de visiter la ville à pied. Mais si vous souhaitez faire une excursion à Ojców, à Kalwaria Zebrzydowska ou au musée d'Auschwitz, vous pouvez préférer louer une voiture. Le conducteur doit présenter à tout contrôle de la police de la route son permis de conduire, les papiers du véhicule et un document attestant qu'il s'agit d'un véhicule loué.
À l'aéroport de Balice, plusieurs sociétés de location proposent leurs services de 9h à 23h : Avis, Budget, Europcar, Hertz, National Car Rental. Vous pouvez louer une voiture à votre arrivée, mais vous ferez mieux d'en réserver une à l'avance sur Internet. En plus vous paierez moins cher :

• **Avis**
Ul. Lubicz 23
☎ 012 629 61 08
www.avis.fr

• **Budget**
Ul. Radzikowskiego 99/101
☎ 012 637 00 89
www.budget.fr

• **Europcar**
Ul. Szlak 2
☎ 012 633 77 73
www.europcar.fr

• **Hertz**
Al. Focha 1
☎ 012 429 62 62
www.hertz.fr

• **National Car Rental**
Ul. Głowackiego 22
☎ / F 012 636 86 30
www.nationalcar.com

Formalités

Les touristes doivent être en possession d'un passeport dont la validité est d'au moins trois mois. Pour les ressortissants des pays membres de l'Union européenne, la carte d'identité suffit. Les citoyens des autres pays ont généralement besoin de visas, qu'ils peuvent se procurer dans les postes consulaires polonais à l'étranger.

La douane

Vous pouvez importer en Pologne 800 cigarettes, 1 kilo de tabac, 10 l d'alcool, 20 l de spiritueux, 90 l de vin (dont 60 l au maximum de vin mousseux), 110 l de bière. Les moins de 17 ans ne sont pas autorisés à transporter de

JOURS FÉRIÉS

• 1er janvier : Jour de l'an.
• Lundi de Pâques.
• 1er Mai : fête du Travail.
• 3 mai : fête nationale.
• 15 août : Assomption.
• 1er novembre : Toussaint.
• 11 novembre : armistice.
• 25-26 décembre : Noël.

l'alcool. Les animaux (chats, chiens, etc.) peuvent être introduits en Pologne s'ils possèdent un carnet de santé et des certificats de vaccination contre la rage. Une personne peut importer 5 animaux au maximum. L'exportation d'objets d'art et d'antiquités datant d'avant 1950 est possible, mais la procédure est compliquée (voir encadré p. 7).

Santé

Cracovie est une ville sûre, mais, quand on part en voyage, il n'est pas inutile de contracter une assurance complémentaire. Les règlements sanitaires sont stricts, vous pouvez vous restaurer sans crainte même dans les snack-bars bon marché. Seule chose à éviter : l'eau du robinet, à cause de son goût désagréable. Ayez toujours avec vous une bouteille d'eau minérale. Muszynianka, Kryniczanka ou Piwniczanka, ces trois eaux sont excellentes.
En automne et en hiver, pensez à emporter de bonnes chaussures imperméables, écharpe et bonnet.
Pour affronter les grands froids, vous pouvez essayer le thé au citron ou à la montagnarde, additionné d'« un coup de jus » (un petit verre d'alcool).
Pour obtenir une assistance médicale gratuite en cas d'urgence, les ressortissants de l'Union européenne doivent avoir sur eux la carte européenne d'assurance maladie. Les assurances des compagnies privées sont également honorées.

Budget

Le charme de Cracovie, c'est aussi que vous vous y sentirez bien quelle que soit l'épaisseur de votre portefeuille. Un déjeuner arrosé d'une bière ou d'un verre de vin coûte environ 12 zł. En ville, les *jadłodajnie* ne sont pas des lieux propices aux rendez-vous romantiques, mais on y sert une bonne cuisine familiale et des portions généreuses (un plat garni et un verre de fruits au sirop coûtent entre 6 et 12 zł). Dans un restaurant plus chic, le plat vous coûtera entre 18 et 25 zł (vin en sus). Dans un restaurant de luxe, entre 40 et 80 zł. Un café en ville coûte aux alentours de 4 zł, une bière (0,5 l) 5 zł, une eau minérale 2-3 zł. Dans un fast-food, vous paierez le kebab, la pizza ou les saucisses entre 5 et 7 zł. L'hébergement le moins cher coûte environ 40 zł par personne. Pour une chambre double dans une pension de famille ou un petit hôtel on vous demandera entre 180 et 250 zł (moins cher si vous réservez sur Internet). Dans un hôtel de luxe, ce sera entre 600 et 800 zł la nuitée (moins chère hors saison) – voir aussi p. 84-85.

VOLTAGE ET HEURE LOCALE

Le courant est de 230 volts, et les prises de courant sont identiques aux prises françaises. En Pologne, l'heure est la même qu'en France, hiver comme été.

La monnaie

La monnaie polonaise est le złoty (PLN), soit 100 grosz. On trouve en circulation des billets de 10, 20, 50, 100 et 200 złoty, et des pièces de 1, 2, 5, 10, 20, 50 grosz, et de 1, 2 et 5 złoty. Un euro vaut environ 4 złoty. Consultez www.nbp.pl pour connaître le cours du jour.

Les traditions et les fêtes

Cracovie a toujours aimé les fêtes et les spectacles. Des rites y scandent les saisons. Des cérémonies religieuses, des fêtes païennes, des fêtes traditionnelles évoquant les invasions turques étaient et sont encore célébrées d'une manière fastueuse. Nulle part ailleurs en Pologne on n'organise de célébrations aussi réussies. C'est sur le Rynek Główny, la Grand-Place du marché, qu'il faut aller à la recherche des symboles de la ville.

Le souvenir des invasions turques

Pour commémorer la victoire des Cracoviens sur les Tatars en 1287, le dimanche suivant la Fête-Dieu, le *lajkonik* se rend du couvent des Prémontrées jusqu'au Rynek en chevauchant son cheval de bois. Coiffé de son bonnet pointu surmonté d'un croissant, vêtu d'un cafetan turc et d'un manteau polonais, il administre aux passants ses coups porte-bonheur. L'histoire du sonneur de trompette est elle aussi liée aux Tatars. Un air de trompette joué aux quatre vents et brusquement interrompu retentit chaque heure de la plus haute tour de l'église Notre-Dame. Selon la légende, en 1241, le guetteur posté en haut de la tour sonnait l'alarme, quand une flèche tatare lui transperça la gorge. Il mourut mais la ville fut sauvée.

Les fêtes religieuses

Le dimanche suivant la Saint-Stanislas, le 8 mai, des milliers de fidèles et les plus hautes autorités de l'Église de Pologne se rendent en procession de Wawel à Skałka. Les rois faisaient ce pèlerinage la veille de leur couronnement. Une autre procession a lieu chaque année dans l'église des Franciscains. Elle est organisée par la confrérie de la Bonne Mort (dite aussi « confrérie du Calvaire de Notre-Seigneur »), fondée au XVIe s. ; elle rachetait les condamnés. Le vendredi précédant le dimanche des Rameaux, encapuchonnés, vêtus de robes de bure noires, des hommes traversent l'église, tenant chacun une faux surmontée d'une tête de mort. Quant aux tirs des *korkowce*, aux piaillements des filles arrosées, aux pétards, c'est pour le lundi de Pâques. Ce jour-là, les abords de l'église du Saint-Sauveur et du couvent des Prémontrées sont noirs de monde, les Cracoviens se rendent tous à la kermesse de l'Emaüs.

Les traditions païennes

Le samedi soir, aux alentours de la Saint-Jean (le 24 juin), la foule s'amasse sur les promenades le long de la Vistule, aux pieds du Wawel. Les Wianki sont une fête slave ancestrale liée au culte du soleil et de la nature. Durant la nuit la plus courte de l'année, il se produit des miracles : la Terre s'ouvre pour révéler ses trésors, le feu et l'eau sont dotés de pouvoirs magiques. Le traditionnel lancer de couronnes dans l'eau est accompagné de spectacles de sons et lumières, de concerts et de feux d'artifice. Est-ce le pouvoir de la nuit de la Saint-Jean ? Est-ce l'effet du parfum enivrant des couronnes d'herbes magiques ? Toujours est-il que la fête est formidable.

Les symboles du Rynek

Que serait Cracovie sans les tours gothiques élancées de l'église Notre-Dame, sans le beffroi de l'hôtel de ville esseulé sur la dalle, sans les foules qui assaillent le monument au poète Adam Mickiewicz, sans la halle aux Draps couronnée de son attique Renaissance ?... Et surtout sans ses milliers de pigeons, ses marchandes de fleurs toujours prêtes à discuter des choses de la vie et de Cracovie ?

KRAK, LE DRAGON ET WANDA

Il était une fois, sur la colline du Wawel, un dragon qui dévorait hommes, bétail et moutons. Un jeune cordonnier se fit un sac avec des peaux de mouton, et le remplit de soufre. Le monstre engloutit l'appât et quand le feu se fut déclaré dans son ventre, but tant d'eau de la Vistule qu'il éclata. En récompense, le roi Krak accorda au jeune garçon la main de sa fille. Selon une autre légende, Krak, le fondateur légendaire de Cracovie, avait une fille prénommée Wanda. Quand il mourut, un grand tertre lui fut élevé sur une colline dominant la ville. Sa fille prit les rênes du gouvernement. Elle repoussa les avances du prince allemand Rydygier qui, offensé, attaqua Cracovie. Wanda se mit alors à la tête d'une armée et vainquit l'envahisseur. Pour remercier les dieux de lui avoir accordé la victoire, elle se jeta dans les eaux de la Vistule...

Les gourmandises

Autrefois, les plats raffinés se savouraient dans les restaurants des grands hôtels et dans les *traktiernie*. Dans les cabarets moins haut de gamme, les *gorzalczarnie*, on mangeait de la saucisse au raifort. Le chou et le plat de côtes étaient les mets les plus demandés. Au bas de la liste, il y avait les marchands ambulants de *kreple* et de *tatarczuchy*.

La cuisine cracovienne

Si de nombreux plats « à la cracovienne » figurent à la carte des restaurants, on ne peut guère parler de cuisine typique. La gastronomie locale a été très influencée par l'occupation austro-hongroise (d'où la fréquente présence de goulasch au menu) et la proximité des Tatras. Les *tatarczuchy* d'antan sont de petites galettes rectangulaires légèrement sucrées faites de farine de blé noir. Ainsi, les *bajgle* et les *kreple*, des bâtonnets au goût salé frits à l'huile, les *paluszki*, « lajkonik » d'aujourd'hui. Vous apprécierez le « żurek à la cracovienne », une sorte de borchtch blanc fait à partir de pain de seigle fermenté et de bouillon de viande, agrémenté de saucisse, de charcuterie fumée et de champignons secs.

Certains villages des environs de Cracovie produisent encore de la charcuterie selon des recettes d'autrefois.

La cuisine juive

« Manger est pour les juifs un symbole, dans la nourriture il y a de la mystique et de la religion », disait Leopold Kozłowski, l'âme de l'hôtel-restaurant Klezmer Hois. Aucune religion ne comporte autant d'interdits et d'injonctions que la religion juive. Sur 613 commandements de Dieu, 500 concernent la nourriture… Les restaurants de Kazimierz vous donneront l'occasion de goûter de

délicieux plats traditionnels : cou d'oie farci de foies, champignons, et oignons assaisonnés de curry et de muscade ; *gefilte fish*, du poisson farci à la juive ; poulet de Pourim, cuit à l'étouffée avec oignons et fruits secs, assaisonné de safran et de cannelle. Le *tchoulent* est un plat de viande, généralement de mouton, aux haricots. Le *kougel*, le plat de sabbat, est une préparation de pommes de terre râpées, d'oignons et d'œufs cuite au four. Et enfin le *tsymès*, une sorte de compote sucrée servie en accompagnement de viandes ou en dessert… *Aj waj !*

Les *pretzle*, les *bajgle*

Les origines de cette spécialité locale sont très anciennes. Vous devez absolument y goûter ! Des couronnes de pâte sont jetées dans de l'eau bouillante additionnée de miel et d'épices. Après ébullition, les *bajgle* sont saupoudrés de gros grains de

sel, de pavot ou de sésame, et cuits au four. Des marchands équipés de curieux petits chariots vitrés vous en proposeront dans la rue.

Les gourmandises des Tatras

Cracovie est à 110 km de Zakopane. Avec le lait de leurs brebis qui paissent dans les vallées des Tatras (ou avec du lait de vache, mais ils sont alors moins bons), les montagnards fabriquent des *oscypki*, du fromage séché et fumé que leurs femmes viennent vendre à Cracovie. En forme de navette, ils pèsent entre une livre et un kilo. Vous ne ferez qu'une bouchée des plus petits modèles.

Le saindoux

Le saindoux *(smalec)* est de la graisse de porc fondue additionnée d'oignon frit, de morceaux de pomme et de minuscules lardons. Cette pâte blanche à l'odeur alléchante se tartine à merveille sur du pain noir, salé et poivré. Il est de plus en plus souvent servi en hors-d'œuvre dans les restaurants de cuisine polonaise traditionnelle.

U PANI STASI

Cette *jadłodajnia*, dans la cour de la demeure des Lanckoroński, n'est pas un haut lieu de la gastronomie, mais il est bon de s'y rendre au moins une fois. Pani Stasia a nourri les Cracoviens pendant des années de *pierogi* et de *knedle* aux prunes, des sortes de raviolis ; de viande à la betterave, de bouillon et de borchtch, de pommes de terre au lait caillé. À l'heure du déjeuner, servi à partir de midi, s'y formait une queue de professeurs d'universités et d'étudiants, d'ouvriers et d'employés… La *jadłodajnia* est aujourd'hui tenue par les descendants de Pani Stasia, que les habitués évoquent toujours avec beaucoup de tendresse et de respect.

(Chez Madame Stasia)
Mikołajska 4
☎ 012 421 50 84
Lun.-sam. 12h-16h.

L'âge d'or – la Renaissance

Résidence des rois, la Cracovie du XVIe s. est témoin d'événements importants pour l'histoire du pays. Les règnes de Sigismond le Vieux et de Sigismond Auguste marquent le siècle d'or de la République. La ville palpite, parcourue par des cortèges chamarrés. Les marchands affluent de toutes parts. Transformé et magnifiquement meublé, le château royal résonne de musique. Savants et artistes y trouvent de bienveillants mécènes.

Une perle de la Renaissance : le Wawel

Sous le règne de Sigismond le Vieux, Cracovie entre à grands pas dans la Renaissance. Les sciences, l'art et le commerce sont florissants. Le Wawel se modernise sur le modèle florentin, les travaux durent de 1507 à 1536. La spacieuse cour d'honneur à arcades (beaucoup imitée en Pologne par la suite) fournit un lieu idéal pour les divertissements et les tournois de la Cour. Les belles portes gothiques Renaissance ornées de sentences sont l'œuvre de Benedykt de Sandomierz. À l'intérieur, de précieuses tapisseries réchauffent les murs, et des

plafonds à caissons en bois ornés de têtes sculptées ou de rosaces embellissent les salles d'apparat du deuxième étage. Hans Dürer, frère d'Albrecht, décore les murs de frises narrant la condition humaine. Grand amateur d'art, Sigismond Auguste enrichit le Wawel de nombreux objets précieux et de tapisseries commandées dans les meilleurs ateliers de Bruxelles.

La mémoire des défunts – la sculpture

La chapelle des Sigismond, harmonieuse et charmante « perle de la Renaissance au nord des Alpes », symbolise la Renaissance polonaise. Sigismond le Vieux en confia la réalisation à l'architecte et sculpteur florentin Bartolomeo Berecci. Y dominent les teintes rouge et dorée, et les sculptures de marbre rouge constituent le fond du décor grotesque de Jan Cini de Sienne. La coupole de la chapelle est ornée de rosaces et de caissons. Le dôme fut doré vers la fin du XVIe s. La chapelle commandé par Sigismond le Vieux pour son mausolée devint la dernière demeure des rois Jagellons. La niche renfermant le tombeau du roi Jean Ier Albert, œuvre de Francesco le Florentin, passe pour le premier monument Renaissance de Pologne.

Un monde de marchands et de commerçants

L'arrivée de Bona Sforza à la cour du Wawel accroît les contacts avec l'Italie. Des Italiens détiennent commerces et banques.

La poste, d'abord confiée au marchand italien Prospero Provano (une liaison permanente est établie avec Venise), passe entre les mains de la famille Montelupi. Des représentants des grandes lignées Montelupi, Celleri et Soderini se polonisent. Des Allemands font aussi de grandes carrières. Jan Boner, issu d'une famille de riches banquiers d'outre-Rhin, est le grand argentier de Sigismond. Marié à la fille d'un patricien de Cracovie, Szczęsna Morsztynówna, il appartient à l'élite de la cour.

Influences italiennes – artistes

De grands artistes italiens sont attirés au Wawel par le roi. L'architecture Renaissance du château est due à Francesco le Florentin et à Bartolomeo Berecci, principal architecte de la chapelle des Sigismond et du monument funéraire. Les décorations grotesques de la chapelle sont réalisées par Jan Cini de Sienne ; le tombeau de Sigismond Auguste et le portrait d'Anne Jagellon sont exécutés par Santi Gucci. La patte d'artistes et d'architectes italiens se devine dans la transformation de l'hôtel de ville et de la halle aux Draps. Giovanni Maria Padovano dessina les plans des loggias à colonnes de la halle aux Draps, Santi Gucci les mascarons de l'attique.

BONA SFORZA

Le roi Sigismond Ier dit « le Vieux » épouse en secondes noces la princesse milanaise Bona Sforza (1494-1557). Personnalité au caractère bien trempé, elle sera une compagne remarquable et fidèle. Fine politicienne, elle aspire à renforcer le pouvoir de son époux. Elle introduit à la cour des nouveautés culinaires. Des légumes apparaissent sur les tables ; la langue polonaise en a retenu « l'italienne », un bouquet de légumes à bouillon. C'est à Bona Sforza que les Polonais doivent de consommer de la salade verte, du chou-fleur et des herbes potagères.

Les salons de café

Dans la seconde moitié du XVIIIe s., au coin de la rue Szewska et du Rynek, Marianna Sędrakowska servait dans son établissement un café serré, à la crème ou coiffé de crème épaisse, dit « café à la polonaise », qui coûtait 3 grosz. Les endroits de ce genre se sont brusquement développés au XIXe s. avec l'apparition des pâtisseries. Ils devinrent de véritables salons où se réunissait la société intellectuelle et artistique de la ville.

Les cafés installés dans les demeures historiques

En 1823, au n° 38 du Rynek, le Suisse Lorenzo Cortesi fonda une pâtisserie que ses excellents marrons glacés et ses gâteaux nappés de chocolat et arrosés de délicieuses liqueurs rendirent célèbre. Si le vitrail qui orne l'entrée porte encore le nom du deuxième propriétaire (Redolfi), le café doit sa célébrité à son troisième propriétaire, Parys Maurizio, chez lequel le Tout-Cracovie venait acheter ses pâtisseries. Le Redolfi, que les Cracoviens appellent encore Antyczna, a le charme d'antan. On peut y savourer un bon café en lisant le journal. Le café Noworolski, ouvert en 1910 dans la halle aux Draps (voir p. 96), attirait une clientèle raffinée. Aujourd'hui, il est parfait pour une petite pause, la musique ne gêne pas la conversation.

Un art de vivre

Le café a vite conquis le cœur des Cracoviens. On peut dire sans exagérer que la façon de le boire est entrée dans les mœurs : pas question de le boire à la hâte, debout à un bar. Se donner rendez-vous pour boire un café est uniquement un prétexte : on va dans un salon de café pour se montrer, rencontrer des amis, bavarder, régler des affaires. Vous entendrez les gens s'y saluer d'une manière typiquement excessive : « Mes respects, Monsieur le rédacteur en chef », « Je vous baise la main, Madame l'avocate ! »

Du café pour tous les goûts

On vous sert des cafés de toutes sortes : à la menthe et au chocolat, à la vanille, à la noix et à la cannelle… On ne les compte plus. Un canapé, un vieux poste de radio, une petite table créent au café Kawa, ul. Józefa 11, une ambiance familiale. Vous y dégusterez un café Dante, avec du chocolat, de la crème et une fine tranche d'orange. Au Pożegnanie z Afryką (Adieu à l'Afrique), votre palais appréciera le plus célèbre café du monde, le Blue Mountain de Jamaïque original, dont la production annuelle ne dépasse pas 900 tonnes ; un Kona, qui vient des pentes volcaniques des îles hawaïennes ; ou un vrai moka du Yémen. À la vanille, à l'orange ou à la cannelle, vous aurez l'embarras du choix parmi beaucoup d'autres arômes.

Les salons de café artistiques

Les artistes de la Jeune-Pologne, la bohème cracovienne, adoraient se retrouver n° 38, rue Szpitalna, au Paon nonchalant, (appelé couramment le Paon), aujourd'hui disparu. À son déclin, les artistes déménagèrent rue Bracka, chez Bodega, où de simples tonneaux tenaient lieu de table. Quand Michalik ouvrit sa pâtisserie au n° 45 de la rue Floriańska, la bohème prit

ses quartiers dans son arrière-boutique. Włodzimierz Tetmajer animait les soirées du café U Sauera, ul. Szczepańska 1. Succédèrent à ce café d'abord le Ziemiańska, ensuite le café du club des journalistes, Pod Gruszką (p. 92). Universitaires, écrivains et musiciens aimaient l'élégante Esplanade au coin de la rue Krupnicza et de Podwale. Les futuristes Tytus Czyżewski, Anatol Stern, Stanisław Młodożeniec et Leon Chwistek fréquentaient une petite salle en retrait qu'on appellait la Noix de muscade. Après la Seconde Guerre mondiale, U literatów, à la fois café et *jadłodajnia*, au n° 22 de la rue Krupnicza, était un lieu totalement à part.

Aujourd'hui, les artistes fréquentent volontiers Dym, rue św. Tomasza (p. 133), et Piękny Pies rue św. Jana. Mais le café le plus branché est Alchemia, rue Estery (p. 132).

LES CAFÉS D'AVANT-GUERRE

« Ah ! ces discussions de Cracovie ! […] Quand un café fermait, on allait dans un autre. Dans la ville endormie, il y avait plusieurs cafés ouverts jusqu'à 3h du matin ! Sans musique, surtout. Le véritable amateur de café cracovien la méprisait ! À ses yeux, un café ne valait que par ses journaux et les causeries. […] Le Rosenstock, au coin de la rue Lubicz, ne fermait jamais, il est resté ouvert sans interruption, jour et nuit, pendant les trente années de son existence. C'est le café le plus pittoresque que j'aie jamais connu. Comme il était le seul ouvert à trois heures du matin, s'y retrouvaient des gens de toute condition. La jeunesse dorée à la sortie d'un bal, en frac, et des garçons de café, eux aussi en frac, qui passaient faire une partie de billard après leur service. »

Tadeusz Boy-Żeleński, *Kuźnie intelektu (Les Forges de l'intellect).*

Cracovie,
la ville des artistes

Tradition et avant-garde, salons et cafés, décontraction et élégance désuète, deux mondes opposés qui s'agacent et se font des avances. L'un et l'autre tiennent à leur originalité, caractérisée par l'absence de stéréotypes, une indépendance qui leur permet de prendre de la hauteur, que ce soit dans le domaine des idées, des comportements ou des modes. Les hommes politiques n'y sont guère estimés, la cour a depuis longtemps déménagé à Varsovie. En revanche, on y aime les artistes. Et ces « excentriques », ces indisciplinés, toujours « à contre-courant », « une fleur à la boutonnière », s'y sentent très bien…

Partout de la musique

Au XIe s., des chœurs chantaient dans la cathédrale du Wawel. En 1393, Jadwiga et Ladislas Jagellon créèrent la chapelle royale. Aujourd'hui, la musique retentit en tous lieux, à la Philharmonie, dans les églises, la halle aux Draps et au Wawel, dans les clubs de jazz, les pubs et dans la rue. Cracovie est la capitale de la chanson de cabaret et du chant poétique. Grzegorz Turnau, Maciej Maleńczuk sont des paroliers et des interprètes pleins d'ironie. Zygmunt Konieczny et Zbigniew Preisner composent des musiques de film et de théâtre. À Cracovie créent de grands compositeurs de musique contemporaine : Krzysztof Penderecki, Krzysztof Meyer, Bogusław Schäffer.

Le théâtre, la fierté de Cracovie

Malgré l'interdiction du pape Grégoire II, les spectacles de théâtre montés devant l'église des Dominicains avaient déjà beaucoup de succès au Moyen Âge. Le premier théâtre permanent ouvrit ses portes en 1789, plac Szczepański. Le Teatr Słowackiego joua un grand rôle dans la culture polonaise. C'est là que furent joués en avant-première les spectacles de Wyspiański et la première de ses *Noces*. On compte aujourd'hui une quinzaine de théâtres, dont d'excellentes scènes alternatives.
Chaque année se déroulent les Krakowskie Reminiscencje Teatralne (Réminiscences théâtrales de Cracovie).

Stanisław Lem.

Le milieu littéraire

Cracovie est à la fois une ville de traditions et un centre de mouvements littéraires d'avant-garde. Ces deux courants coexistent et se tournent mutuellement en dérision. Capitale de la Jeune-Pologne, Stanisław Przybyszewski et Stanisław Wyspiański en furent les meilleurs représentants. Pendant l'entre-deux-guerres, le « Groupe d'avant-garde de Cracovie » compta des poètes et des théoriciens remarquables comme Tadeusz Peiper et Julian Przyboś.

Jan Matejko, Hommage prussien.

Les années 1960-1970 virent la naissance du groupe « Teraz » (Maintenant), avec Adam Zagajewski et Julian Kornhauser. Cracovie a toujours attiré les écrivains : Stanisław Lem est venu y vivre après la guerre, rejoint par Wiesława Szymborska (prix Nobel 1996) et Czesław Miłosz (prix Nobel 1980). De jeunes poètes novateurs ont créé « Studium » et « Ha!art ».

Les peintres

La personnalité de Jan Matejko (1838-1893) marqua la vie artistique du XIXe s. Ses tableaux empreints de patriotisme renforcèrent le sentiment national.
Le début du XXe s. demeure sous l'influence de Stanisław Wyspiański, de Józef Mehoffer et des œuvres fantastiques et inquiétantes de Jacek Malczewski. Après la guerre, Tadeusz Kantor et les artistes liés au Groupe de Cracovie donnent le ton. La galerie de l'Art polonais du XXe s. ouverte au Musée national en novembre 2005 présente l'art contemporain.

JAMAIS SANS SON CHAPEAU

Coiffé l'été de son inséparable chapeau de paille, l'hiver d'un chapeau de feutre, Piotr Skrzynecki, fondateur du cabaret Piwnica pod Baranami (voir aussi p. 42 et 131), fut à la fois auteur, metteur en scène et présentateur, et pilier des cafés et des salons de thé de Cracovie. Son charisme attira à Piwnica les plus grands noms de la culture. Les spectacles de la Piwnica, qui raillaient les réalités de la Pologne populaire avec une ironie sans pareille, étaient du pur divertissement. Mort en 1997, il est enterré au cimetière Rakowicki.

Dans la verdure

Un quart d'heure de voiture et vous voilà au milieu des collines et des forêts pour une baignade à Kryspinów, de l'escalade dans les rochers de Bolechowice ou une balade dans la forêt de Niepołomice. Vous fuirez l'agitation de la ville dans les parcs, les jardins des couvents, sur le bord de la Rudawa, sur les promenades le long de la Vistule ou dans les pittoresques roches Twardowski.

Les Planty

Les Planty, du mot « plantation », sont un ensemble de jardins et espaces verts couvrant une superficie de 21 ha. Cet anneau de verdure de 4 km de long enserrant la vieille ville a été créé en 1822 sur l'emplacement des fossés, des douves et des remparts. Un unique banc de pierre de l'époque a survécu près du chevet de l'église Sainte-Croix. Au fil des ans, les Planty devinrent le lieu de promenade favori des Cracoviens. Des concerts, des jeux s'y déroulaient sous l'œil des « plantowi » veillant au maintien de l'ordre. En 1844, on comptait 8 750 arbres : marronniers, frênes, tilleuls, érables, ormes et peupliers. Des allées furent tracées et des aires de jeux aménagées pour les enfants.

Błonia

Ce triangle vert de 48 ha délimité par les rues 3 Maja, Piastowska et Foch, à 15 min à pied du Rynek, était à l'origine un lieu de marécages. Au Moyen Âge, on y conduisait sur des buttes les malades atteints du choléra. En 1366, les prémontrées, propriétaires du terrain, échangèrent leur bien contre une maison sise rue Floriańska qui appartenait à la ville. C'est aujourd'hui un terrain de loisirs idéal pour les manifestations de masse. Le pape Jean-Paul II y a dit la messe devant plus d'un million de fidèles.

Les tertres

Ils s'inscrivent dans le paysage. On repère surtout

celui de Kościuszko (voir p. 67), sur la colline św. Bronisława. D'une hauteur de 34 m, il s'élève à 133 m au-dessus du niveau de la Vistule. Dominant le quartier de Podgórze, le tertre de Krak (16 m de hauteur, 255 m au-dessus du niveau de la mer) est considéré comme la tombe du fondateur légendaire de la ville. Il daterait du VIIe s. Selon une autre légende, Twardowski y aurait rencontré le diable. Le tertre de Wanda (14 m de hauteur, 238 m au-dessus du niveau de la mer) se trouve près d'un haut rocher de la Vistule, à la limite du complexe sidérurgique de Nowa Huta. Il s'agit vraisemblablement d'un poste de guet préhistorique (les terrains avoisinants étaient déjà peuplés il y a deux mille ans). Selon la légende, il aurait été élevé par les sujets du royaume pour rendre hommage à leur reine bien-aimée.

Les parcs

La ville compte une quinzaine de grands parcs.
Le parc Jordan, fondé en 1887 entre l'allée 3 Maja et la rue Nawojki, est l'un des plus beaux. Ses 22 ha accueillent des aires de jeux pour les enfants, un labyrinthe, des allées, une piste de luge, un parcours sportif et une buvette. Réduit de 6 ha en 1885 à 2 ha aujourd'hui, le parc Krakowski est toujours un agréable lieu de repos au milieu d'arbres centenaires. Le parc Bednarski, au milieu des collines de Podgórze, est un havre de verdure.

LES SENTIERS DE RANDONNÉE PÉDESTRE

Une promenade populaire, à pied ou à vélo, court le long de la Vistule entre Skałka et le couvent des Prémontrées. On peut poursuivre la promenade en remontant la Rudawa. L'itinéraire allant du tertre de Kościuszko au bois Wolski en passant par Sikornik est lui aussi très fréquenté. La vue sur la Vistule est superbe, on traverse des prés, des clairières pittoresques, des ravins, le tertre dédié à Piłsudski et la réserve naturelle des Skały Panieńskie, les roches des Demoiselles. Le bois Wolski est un lieu idéal pour les balades sur des sentiers balisés intéressants.

Le jardin zoologique du bois Wolski

Des fauves furent élevés sur la colline du Wawel dès la fin du XIVe s. Lions, ours, léopards, et un chameau peuplaient la ménagerie royale. Après le petit zoo créé en 1885 dans le parc Krakowski, un vrai zoo fut ouvert le 6 juillet 1929 sur les collines du bois Wolski (345 m au-dessus du niveau de la mer), accueillant 94 mammifères, 98 oiseaux et 12 reptiles. Actuellement il couvre une superficie de 15 ha (Kasy Oszczędnościa, Miasta Krakowa 14, ☎ 012 425 35 51).

Les environs

À proximité du centre, le parc naturel des roches Twardowski est un endroit idéal pour les pique-niques, les randonnées à vélo et la baignade à Zakrzówek. En une demi-heure (8 km du centre), on est dans le bois Wolski, le plus grand espace vert de Cracovie (422 ha). Le lac de Kryspinów n'est pas très loin non plus. À une quinzaine de kilomètres du centre, les gorges des Dolinki Krakowskie sont un lieu divin pour les excursions et l'escalade.

Le style baroque

Les XVIIe et XVIIIe s. sont moins cléments pour Cracovie que les siècles précédents. Le roi Sigismond III Vasa déménage à Varsovie, suivi de la cour, des magnats et des artistes. Elle demeure la capitale de la Pologne, mais ne s'anime que pour les couronnements et les enterrements des souverains. Pillée et ravagée à deux reprises par les Suédois, Cracovie se relève, parée de nouveaux atours baroques.

Dans le cercle des saints – les églises

Le XVIIe s., c'est la Contre-Réforme, les invasions suédoises, la destruction puis la reconstruction de la ville. Au début de ce siècle, le catholicisme l'emporte, chaque communauté religieuse, ou presque, élève « son » église (il y en a près de cinquante au milieu du XVIIe s.), et construit couvent ou monastère. Aujourd'hui encore, le superbe monastère baroque des Camaldules, à Bielany, domine la ville. De gros travaux de reconstruction sont entrepris au lendemain du déluge suédois. Sont édifiées dans le style baroque les églises des Carmélites

à Piasek, de Saint-Nicolas et Saint-Florian, et celle des Bernardins, impressionnante. La plus belle église baroque de Cracovie est la collégiale Sainte-Anne, dessinée par l'architecte hollandais Tylman von Gamer. Les stucs de l'ornement intérieur sont l'œuvre du sculpteur Baltazar Fontana, les peintures polychromes de Karol Dankwat et d'Innocenti Monti.

Dans le cercle des puissants – les palais et leurs propriétaires

Le terme de « palais » est apparu à Cracovie à la Renaissance. Les magnats désireux d'habiter près du roi achetaient plusieurs maisons contiguës qu'ils réunissaient. Ainsi naquirent dans le quartier du Rynek les spacieuses résidences de l'aristocratie. Quand Sigismond III Vasa déménagea à Varsovie, la cour et les magnats le suivirent. Ce furent alors les évêques et les professeurs de l'université qui donnèrent le ton. L'invasion suédoise fut une véritable catastrophe. L'armée de Charles Gustave pilla les palais, décrocha tapisseries et tentures de velours, démonta cheminées, fenêtres, planchers et parquets. Les palais de Cracovie durent être reconstruits. Ainsi, vers 1630, les nouveaux propriétaires de la villa Decjusz, les Lubomirski, la transformèrent de fond en comble. Au XVIIIe s., l'architecte Francesco Placidi réunit quatre demeures afin d'en faire un palais pour la famille Larisch (pl. Wszystkich Świętych 6).

Dans le cercle des artistes

La Cracovie du XVIIe et du XVIIIe s. resta sous l'influence de la culture italienne. Sigismond III Vasa passa commande de tableaux à Tomasz Dolabelli dont toute la vie fut liée à la ville. Ses œuvres ornent les salles d'apparat du château et plusieurs églises (notamment l'église des Dominicains, l'église de la Fête-Dieu et celle des Camaldules, à Bielany). Les travaux de réfection du Wawel après un grand incendie furent dirigés par Jan Trevano (qui dessina aussi la façade de l'église Saints-Pierre-et-Paul), considéré alors comme le plus grand architecte. Les décors de l'église Sainte-Anne, les stucs de la maison Pod Gruszką et de celle des Hipolit (pl. Mariacki 3) sont l'œuvre de Baltazar Fontana. Kasper Bażanka était un architecte polonais talentueux (église des Pères-Missionnaires, église des Piaristes).

LA MODE BAROQUE

Au XVIIe s., l'usage voulait que le *żupan*, une longue robe portée par les hommes, généralement en satin ou en soie, soit orné d'une ceinture. On pouvait le porter chez soi pour s'occuper de ses affaires domestiques, mais pour recevoir des invités on se devait d'enfiler son *kontusz*. Ce costume-ci, plus long et plus foncé que le précédent, était complété par un pantalon bouffant qui retombait sur les bottes, par des bijoux et un bonnet orné de plumes. Ainsi s'habillaient les hetmans (« chefs »), la noblesse et les riches marchands, et le roi Jean Casimir pour exhorter ses soldats au combat.

Les tentations : douceurs et alcools

Cracovie est réputée pour ses pâtisseries, surtout pour ses *kremówki* et ses brioches. Le jeudi gras, de longues queues se forment devant les pâtisseries Cichowski, Kamecki, Lisicki, ou celle du Cracovia, pour acheter des beignets saupoudrés de sucre glace, déguisés ou fourrés de confiture de roses ou de confiture de prunes. Tout Cracovien qui se respecte a « sa » pâtisserie, dont les beignets selon lui surpassent tous les autres. Et les alcools ? Nous vous invitons à les déguster…

Kremówki et brioches

La moitié de la Pologne se souvient des *kremówki* de M. Jaśkiewicz, ces délicieux mille-feuilles fourrés de crème pâtissière et de crème au beurre parfumées au cognac. La *kremówka* de Wadowice, la fameuse *kremówka* du pape (voir p. 31), au goût des Cracoviens, n'atteint pas leur légèreté et leur finesse… Les brioches, fourrées de fruits rouges, de flan ou de fromage blanc, ou parsemées de miettes de pâte, accompagnent à merveille le café crème du petit déjeuner. Elles sont meilleures le matin, encore tièdes. En avoir encore dans sa vitrine l'après-midi vous condamnait jadis un boulanger !

La bière

La boisson la plus populaire, c'est la bière, bien sûr. *Okocim* ou *Żywiec*, plus souvent servie à la pression qu'en bouteille, parfois parfumée de jus de framboise ou de gingembre. La bière était la boisson de base de la noblesse polonaise qui regrettait de la voir gâtée à cause du manque d'hygiène. Une loi sur la pureté de la bière, promulguée au XVIe s., limita à trois les ingrédients entrant dans sa fabrication : l'eau, le houblon et l'orge.

Szarlotka, wściekły pies et grzańce

Si vous commandez une *szarlotka* (prononcer « charlotka ») dans un pub, on vous servira un cocktail de *żubrowka*, la vodka parfumée à l'herbe de bison, et de jus de pomme. Le « chien enragé », *wściekły pies*, est un mélange d'alcool et de jus de framboise avec quelques gouttes de Tabasco. Bu obligatoirement d'une traite, il laisse dans la bouche un goût velouté. Le cocktail branché *Teraz Polska* (vodka glacée et jus de framboise), se boit lui aussi cul sec. À l'arrivée des

frimas correspond la saison des *grzańce*. Pour combattre le froid, rien de tel qu'un bon vin chaud épicé. Un vrai *grzaniec* exige un vin rouge

de qualité additionné d'un filet de vodka.

Le miel et les hydromels

Ambré ou foncé, épais ou liquide, il sent bon la forêt ou la bruyère, les vergers ou les fleurs des prés. Le miel de colza est excellent pour les maladies du cœur et la circulation, celui de pissenlit pour le foie. Le miel d'acacia calme les maux d'estomac. Le miel mille-fleurs apaise les allergies. Le miel de tilleul tonifie. Le miel de sarrasin est un bon antidote. Le miel de résine dégage les voies respiratoires supérieures et la gorge. Dilué dans de l'eau avec du jus de citron, il est recommandé en cas de grande fatigue. Le miel de bruyère, très rare, combat les maladies de la vessie, des reins et de la prostate. L'hydromel est obtenu par fermentation d'une solution à base de miel à laquelle on ajoute du houblon et des épices. La proportion de miel et d'eau varie : un tiers/deux tiers ; deux tiers/un tiers ; moitié-moitié. L'hydromel se boit froid ou tiède, épicé ou parfumé d'un zeste d'orange ou de cannelle. À Cracovie, buvez de l'hydromel de Galicie, *miód galicyjski*.

LA CONFISERIE WAWEL

En 1898, Adam Piasecki fonde une première fabrique de confiseries puis une chocolaterie douze ans plus tard. Dans les années 1920, Pischinger et Suchard, des chocolatiers de renommée européenne, ouvrent des filiales à Cracovie. Au lendemain de la Seconde Guerre mondiale, les trois concurrents fusionnent et l'entreprise de confiserie prend le nom de Wawel en 1951.

La Cracovie juive

Plus de 64 000 juifs vivaient à Cracovie avant la Seconde Guerre mondiale, soit un quart de sa population. La vie sociale et religieuse de la communauté était concentrée dans Kazimierz, le quartier juif. Partis politiques, écoles, organisations caritatives, culturelles et artistiques l'animaient. Ce monde coloré a disparu, mais le souvenir de ses anciens habitants est toujours vivant dans ce quartier aujourd'hui branché.

Le quartier juif de Kazimierz

Au XVe s., des juifs fuyant les persécutions dont ils étaient victimes à l'ouest et au sud de l'Europe s'établissent à Cracovie, dans le quartier de la rue św. Anny, ancienne rue Żydowska (rue de la Juiverie). Le roi Jean Ier Albert les installa à Kazimierz au XVIe s. L'*oppidum judaeorum*, autour de la rue Szeroka, était séparé de la partie chrétienne par un mur. Cette commune juive devint un centre intellectuel européen important. Des maisons de prière, des imprimeries, des écoles et un cimetière y furent construits. Dans l'entre-deux-guerres, les juifs pouvaient prier dans six grandes synagogues orthodoxes : la Vieille Synagogue, Remu'h, la Haute Synagogue et les synagogues Isaac, Popper et Kupa ; dans la synagogue progressiste Tempel et dans de nombreuses maisons de prières.

La Liste de Schindler

Le film, réalisé par Steven Spielberg en 1993 (directeur de la photographie : Janusz Kamiński ; chefs décorateurs : Allan Starski et Ewa Braun), raconte l'histoire vraie de l'industriel allemand Oskar Schindler, venu fonder à Cracovie une fabrique de vaisselle émaillée. Voyant le drame des juifs, il décida de sauver une partie d'entre eux en rachetant pour les besoins de son usine les travailleurs peu efficaces. Beaucoup de scènes poignantes ont été tournées à Kazimierz, dans les rues Szeroka et Ciemna, sur la place Nowy et dans le quartier de Podgórze. Le film a été douze fois nominé aux Oscar et sept fois primé.

Les juifs célèbres de Cracovie

De grands érudits, des médecins, des peintres et des poètes juifs remarquables vécurent à Cracovie, pour la plupart à Kazimierz.
Ainsi le célèbre kabbaliste Moché Isserles, dit « Remu'h » (XVIe s.), et l'un des premiers mystiques juifs en Pologne, Natan Spira (1583-1633).
Le barde de Cracovie, Mordechaj Gebirtig, y composa ses chansons. Helena Rubinstein (Chaje-Rubinstein), fille d'un marchand d'œufs qui fonda un grand groupement d'entreprises de cosmétiques, habita au n° 13 de la rue Józefa. Maurycy Gottlieb (1856-1879) fut un grand peintre de Cracovie.

Les traditions juives

Le monde des juifs cracoviens et leur joyeux folklore ont disparu avec la Seconde Guerre mondiale. Le musée Galicja et quelques restaurants de Kazimierz organisent des dîners de sabbat. La carte des restaurants propose des spécialités culinaires juives : *gefilte fish* (poisson farci), *kreplechy* (sortes de raviolis) et *tsymès* (dessert). La plupart des plats et des coutumes sont liés à l'histoire et à des fêtes religieuses juives (voir p. 12).

Le Festival de culture juive

Véritable fête de la culture juive (voir p. 129), ce festival, parmi les plus intéressants de ce type dans le monde, accueille chaque année quelque 250 artistes d'origine juive. Les synagogues de Kazimierz vibrent alors des chants des *kantor*, de musique *klezmer*, de musique populaire et de jazz. Expositions, conférences et ateliers divers se succèdent. Musiciens, écrivains, gens du cinéma et du théâtre, peintres et photographes y sont attirés. Le point d'orgue du festival est un concert organisé rue Szeroka. Il s'achève vers une heure du matin par une danse collective à laquelle participent les milliers de spectateurs.

LES JUIFS PENDANT LA SECONDE GUERRE MONDIALE

Après l'entrée des nazis dans Cracovie, le 8 septembre 1939, les citoyens d'origine juive se voient interdire l'accès au Rynek et aux Planty. Le 3 mars 1941, le ghetto de Podgórze ouvre ses portes. 17 000 personnes y vivent dans la promiscuité et de terribles conditions. Il est détruit les 13 et 14 mars 1943. Ses habitants sont déportés dans le camp de concentration de Płaszów, organisé par les Allemands entre 1942 et 1945 dans le quartier de Podgórze, ou dans le camp d'extermination d'Auschwitz.

Cracovie
autour de 1900

À la fin du XIXe s. et au début du XXe, Cracovie est la ville des peintres, des poètes, des nuits folles et des débats sur l'art. Alors sur le déclin, incapable de prendre son essor économique, l'ancienne capitale des Jagellons devient une ville de légende. Une légende bâtie sur Przybyszewski, le théâtre de Pawlikowski, Wyspiański et la bohème habituée du Paon et de Jama Michalika, deux cabarets débridés qu'elle fréquente jusqu'à l'aube.

La grande Cracovie

À la fin du XIXe s., Cracovie compte à peine 56 000 habitants. La ville connaît une expansion soudaine sous le maire Juliusz Leo, économiste et homme politique visionnaire. Sa superficie passe de 6 km² à 47 km². Les communes limitrophes fusionnent avec elle en 1915. Les fortifications sont abattues, des quartiers neufs construits, les cours de la Vistule et de la Rudawa sont régulés.

Un bouleversement se produit dans le monde intellectuel. Si au XIXe s. c'était l'aristocratie qui donnait le ton, au seuil du XXe s. on assiste au triomphe de l'art. Il quitte les salons pour les cabarets et les salons de café.

La bohème

De grands noms apparaissent : Wyspiański, Malczewski, Tetmajer, Stanisławski, Pawlikowski. S'épanouissent presque simultanément la bohème des peintres de Bronowice, celle de Pawlikowski et de Zapolska, et surtout celle de Przybyszewski. La table que celui-ci occupe au Paon, le premier cabaret artistique, est prise d'assaut. « L'art n'a pas de but, il est un but en soi », écrit-il. La vie du bohème se caractérise par un manque d'argent notoire, la vodka et des discussions sur l'art qui s'achèvent à l'aube au restaurant de la gare, seul établissement encore ouvert.

Car la « bohème », selon Boy-Żeleński, ce sont les « petits rôles » de l'art, des gens qui, pour bénéficier des privilèges de l'artiste, en revêtent le costume.

Zielony Balonik

(Le Ballon vert)

Une nuit, dans la petite salle de Jama Michalika où se retrouvent les artistes, Jan August Kisielewski, qui arrive de Paris, lance l'idée d'un cabaret artistique. Au point du jour, sur le Rynek, les jeunes bohèmes aperçoivent un petit vendeur de ballons de baudruche verts. « Voilà le nom de notre cabaret trouvé : Zielony Balonik », suggère l'un d'eux. L'idée est adoptée. Dès l'ouverture, le 7 octobre 1905, des rumeurs d'orgies et de propos blasphématoires tenus à Jama Michalika se répandent en ville. Tout le monde veut y aller ! Hélas, l'entrée se fait uniquement sur invitation, les spectacles sont réservés à une élite. Sont associés au Ballon vert les noms de Tadeusz Boy-Żeleński, Witold Nosowski, Julian Fałat, Jan Stanisławski et Feliks Jasieński-Manggha.

Scena Narodowa

(Scène nationale)

Tadeusz Pawlikowski prend en 1863 la direction du théâtre municipal récemment inauguré et y monte des pièces d'avant-garde avec l'excellente troupe de jeunes acteurs (lui-même n'a que 29 ans) qu'il a fondée. Parmi ces acteurs, Irena Solska et Ludwik Solski, Śliwicki et Siemaszko. En mars 1901, y a lieu la première des *Noces*, de Wyspiański. Pawlikowski met en scène Ibsen, Wilde, Maeterlinck, Hauptmann et Strindberg. Le répertoire du Théâtre-Libre d'Antoine, clandestin à Paris, figure à Cracovie au répertoire officiel. Ludwik Solski succède à Pawlikowski comme directeur. Les murs de sa loge, dans les coulisses, sont couverts de courts poèmes, de dessins et de caricatures, œuvres d'acteurs, d'écrivains et de poètes.

Les vitraux

Les plus jolis vitraux de Cracovie datent de la Jeune-Pologne. Parmi les plus beaux, ceux de Józef Mehoffer dans la chapelle Sainte-Croix de la cathédrale du Wawel. Les magnifiques vitraux de l'église des Franciscains sont l'œuvre de Stanisław Wyspiański. Plus de 200 vitraux de la Jeune-Pologne ornent les demeures de la ville. Ceux de la maison de l'Association des médecins, 4, rue Radziwiłłowska et 12, rue Batorego ne vous décevront pas. Ils sont de Wyspiański.

LA RYDLÓWKA

Cracovie, à la fin du XIXe s., est marquée par la personnalité de Jan Matejko, mais certains de ses élèves vont rompre avec la peinture historique pour créer le mouvement de la Jeune-Pologne. Fortement teinté de romantisme, il se distingue des tendances modernistes en vogue dans l'Europe de l'époque. Le mariage de Włodzimierz Tetmajer avec la fille d'un fermier du village de Bronowice Małe, en 1890, fait découvrir à la bohème cracovienne les charmes de la campagne. Les artistes envahissent le village, son folklore devient leur thème de prédilection. Bronowice sera le symbole de la Jeune-Pologne. Le mariage du poète Lucjan Rydel et de Jadwiga Mikołajczykówna, sœur d'Anna Tetmajer, qui a lieu en mai 1901 au manoir de Kazimierz Tetmajer, inspire *Les Noces* de Wyspiański.

Muzeum Młodej Polski « Rydlówka »
Ul. Włodzimierza Tetmajera 28 – ☎ 012 637 07 50
Mar.-sam. 11h-15h, jeu. 15h-19h – f. lun.-dim. et j. f.

La Cracovie de Jean-Paul II

Cracovie a connu Karol Wojtyła à différents moments de sa vie : étudiant, ouvrier, acteur, jeune prêtre, évêque, archevêque métropolitain et enfin pape en 1978. Il y a marqué bien des lieux de sa présence. Pendant son premier pèlerinage, le Saint-Père prit congé de sa patrie avec ces mots : « Avant de partir, je jette un dernier regard à Cracovie, cette Cracovie dont chaque pierre, chaque brique m'est chère... C'est d'ici que je regarde la Pologne. »

Les messes sur le pré de Błonia

C'est sur ce grand pré que le pape Jean-Paul II rencontrait Cracoviens et pèlerins lors de ses visites en Pologne.
En 1979, plus d'un million de personnes s'y rassembla pour y entendre la messe. Il en vint aussi un million pour la « Marche blanche » organisée au lendemain de sa mort.
Un bloc de granit de 26 tonnes provenant des environs de Morskie Oko commémore l'endroit.

Les églises de Jean-Paul II

C'est à la cathédrale du Wawel que Karol Wojtyła fut ordonné prêtre, le 2 nov. 1946, dans la crypte Saint-Léonard. Devenu pape, il allait s'y recueillir à chacune de ses visites. L'église de Skałka toute proche avait aussi sa faveur. Il avait « son » banc dans l'église des Franciscains, en face de la curie (Franciszkańska 2). À l'église Saint-Florian (Warszawska 1), il fonda une aumônerie estudiantine. Il dit sa première messe à l'église Saint-Stanislas-Kostka de Dębniki, le 3 nov. 1946. Le pape aimait beaucoup l'église de la Sainte-Vierge-Reine-de-Pologne, en forme de barque, à Nowa Huta, et il consacra le sanctuaire de la Miséricorde divine de Łagiewniki en 2002.

La fenêtre du pape

La fenêtre au-dessus du portail du palais épiscopal est le symbole des séjours de Jean-Paul II à Cracovie. Il aimait s'y tenir pour discuter, deviser et plaisanter avec la foule jusqu'à une heure avancée de la nuit. C'est devant cette fenêtre que les Cracoviens guettaient son arrivée quand il venait dans leur ville et qu'ils prièrent pour sa santé et au moment de sa mort.

Monuments et musées

Le souvenir du pape Jean-Paul II est fort et vivant. Une rue, un hôpital et de grandes institutions portent son nom. De nombreux objets rappelant

sa mémoire sont conservés au musée de l'Archevêché, 21, rue Kanonicza, où Karol Wojtyła vécut de 1951 à 1963. Des monuments au pape se dressent dans le parc Jordan, le parc Strzelecki et au cimetière Rakowicki.

La trompette de l'église Notre-Dame

Chaque premier samedi du mois, à 21h37, heure de la mort de Jean-Paul II, retentit de la tour de l'église Notre-Dame « Barka », le chant préféré du Saint-Père. Pendant la première année de deuil, *Les larmes de Marie,* un cantique funèbre, était joué tous les dimanches à midi.

La *kremówka* du pape

La crème des *kremówki* de Wadowice qui éveillaient la gourmandise du Saint-Père dans sa jeunesse était-elle parfumée avec un bon cognac ? On peut en douter, les temps étaient difficiles et la clientèle pauvre. Mais les saveurs de l'enfance l'emporteront toujours sur toutes les autres, fussent-elles les plus raffinées.

Les promenades du pape

Promenez-vous sur les traces de Jean-Paul II. En ville, le circuit part du palais des évêques. Autour de Cracovie, c'est plus de 100 km à pied et à vélo. La plus longue balade va du couvent des Prémontrées à la vallée Mnikowska en passant par Salwator. La plus courte suit la Vistule, du pont Dębnicki jusqu'à Tyniec.

LES PÈLERINAGES DE JEAN-PAUL II

Sur les huit pèlerinages que Jean-Paul II fit en Pologne, sept passaient par Cracovie. Le premier, en 1979, se déroula dans une atmosphère d'euphorie. Des milliers de pèlerins campaient sur le pré de Błonia, dans les églises et sur les Planty. En 1983 fut fêté le rétablissement du Saint-Père. Chaque pèlerinage suivant (1987, 1991, 1997, 1999 et 2002) était porteur d'un message différent. Lors du dernier, le Saint-Père consacra le sanctuaire de la Miséricorde divine flambant neuf.

L'art populaire et l'artisanat

Les articles en laine des montagnards, la sculpture populaire des villages des environs de Cracovie, la céramique, la peinture sur verre, les toiles de lin… L'artisanat d'art de la région a de quoi s'enorgueillir ! Les coloris, le point employé, le tissage et aussi ses petites imperfections font de chaque objet créé par les artistes populaires une pièce unique.

Le costume folklorique

Le costume cracovien est très coloré. Les femmes portent une jupe froncée à la taille, à fleurs rouges et vertes sur fond vert ou rouge, bleu roi ou blanc, et un tablier blanc en dentelle par-dessus. En haut, une blouse blanche aux manches larges ornées de poignets en dentelle, et un corselet en velours rouge, bleu roi ou noir, brodé d'or, de perles et de sequins. Des colliers de perles rouges et de hautes bottines lacées complètent ce costume. La tête est couronnée de fleurs en tissu, avec des rubans de toutes les couleurs flottant dans le dos. Les femmes mariées portent une coiffe blanche. Le costume masculin

est moins somptueux : un long gilet bleu marine à basques brodé de festons rouges et de sequins, une chemise blanche, un ruban rouge noué autour du cou, une large ceinture de cuir cloutée munie de grelots, un pantalon de toile rayé rouge et blanc. Pour compléter l'ensemble, des bottes et un bonnet carré orné d'une plume de paon, de fleurs et de rubans multicolores.

Le lin

Antiallergique, antibactérien, antistatique, aéré, le lin est connu en Europe depuis 6000 av. J.-C. Il est apparu en Pologne à l'âge du fer. Au Moyen Âge, la toile de lin était une monnaie d'échange. Le lin était semé en mai entre la Saint-Stanislas (8 mai) et la Sainte-Sophie (15 mai), et récolté après les moissons. Le rouissage se faisait en octobre. Selon le tissage, la toile obtenue évoque de la mousseline ou des tissus de pays exotiques. Le lin ne sert pas seulement à faire des robes, des costumes et des vestes, on en fait aussi de superbes nappes et napperons.

La sculpture du bois

Saints, anges et musiciens juifs jouant du violon, de toutes tailles, sculptés dans du hêtre, du chêne ou du tilleul, teintés ou peints… Les mêmes thèmes reviennent souvent : Jésus, la Sainte Vierge, les anges, le calvaire, les saints, mais aussi des diables et des animaux. Indépendants des influences et des courants artistiques, des goûts et des tendances de l'art moderne, les artistes populaires créent des œuvres originales, souvent d'une expressivité et d'une maturité esthétique étonnantes. Vous en découvrirez dans les échoppes de la halle aux Draps, le salon d'exposition Cepelia, les galeries (en particulier la galerie d'art naïf de Kazimierz), et au Musée ethnographique.

Les crèches

Les crèches typiques de Cracovie apparaissent au XIXe s. Leurs façades richement décorées de

clochetons, de balustres, de corniches, de colonnes, de saillies, d'imitations de vitraux, évoquent l'architecture de la ville. Du papier d'aluminium de toutes les couleurs est appliqué sur des charpentes en bois léger, en contreplaqué, en carton ou en papier mâché. Un concours de la plus belle crèche est organisé chaque année en décembre. La première crèche fut créée par deux frères, Michał et Leon Ezenkier, maçons de leur état. Ils furent bientôt imités par d'autres maçons au chômage technique durant l'hiver.

LES PRODUITS DE LA MONTAGNE

Gros pull-overs, chaussettes et gants bien chauds ; sandales de cuir, peaux de mouton… Les pull-overs, en bonne laine des montagnes, aux tons blanc, gris et noir, tiennent réellement chaud. Pour l'estomac, des fromages de brebis, des *oscypki* ; des grands mais aussi des petits dont vous ne ferez qu'une bouchée. Les montagnardes viennent vendre leurs produits, transportés dans de grands sacs, directement sur le trottoir. Vous en verrez dans le passage souterrain entre la gare et le Rynek, et sur le Rynek même, près du club Pod Jaszczurami.

Visiter mode d'emploi

Se déplacer

À pied

Dans le centre, le mieux, c'est de se déplacer à pied. Le cœur historique n'est pas grand. Il faut à peine dix minutes pour se rendre de la gare au Rynek et de là, on n'est pas très loin de Kazimierz. La plupart des incontournables sont dans ce secteur. Une promenade à pied vous plongera dans l'atmosphère de la ville.

SE REPÉRER

Grâce aux repères qui vous sont indiqués à côté des cartes du chapitre Visiter, retrouvez toutes les balades sur la carte générale placée en fin de ce guide. Attention, la balade 13 vous mène à l'extérieur de Cracovie.

En tramway et en autobus

Tramways et autobus circulent de 5h à 23h. Ce sont les mêmes tickets pour ces deux moyens de transport (2,50 zł le ticket), à se procurer dans les kiosques ou auprès du conducteur (un peu plus cher). Il existe aussi des tickets à 3,10 zł d'une validité d'une heure après le premier compostage quel que soit le nombre de changements, à 10,40 zł pour la journée, 18,8 zł pour 2 jours, 25 zł pour 3 ; des tarifs de groupe : 21 zł et 14 zł pour 15 et 20 personnes, et des tickets « Famille » à 10,40 zł, valables le week-end.
Les enfants de moins de 4 ans et les personnes de plus de 70 ans voyagent gratuitement. Les horaires sont affichés sur les arrêts de trams et de bus. Il y en a toutes les 10 minutes sur les lignes les plus fréquentées. Les bus de banlieue ont des numéros supérieurs à 200. Après 23h, pas de tramways, mais des bus de nuit (numéros au-dessus de 600) sur quelques lignes.

En voiture

La plupart des rues du cœur historique sont interdites à la circulation. Ailleurs, les sens uniques, les zones de stationnement, les bouchons (heures de pointe : 16h-18h) font que le conducteur « non initié » peut avoir quelques difficultés. Il sera bien inspiré de laisser sa voiture près du centre (dans le quartier de la rue św. Gertrudy, plac Sikorskiego ou rue Jabłonowskich ou dans un parking gardé : plac św. Ducha ou plac Szczepański).
Ne laissez rien en évidence dans votre voiture. Ne tentez pas le diable !

À vélo

La balade la plus classique remonte la Vistule vers le

couvent des Prémontrées. Une piste de gravier sur le bas-côté de la route permet de poursuivre jusqu'à Bielany. Une piste cyclable signalisée mène du campus universitaire au Rynek. Dix grandes voies permettent aux cyclistes de rejoindre en toute sécurité des quartiers éloignés du centre, comme Kurdwanowo, Wola Duchacka ou Nowa Huta, ou encore Tyniec (la piste sert aussi aux amateurs de roller). La situation s'améliorera nettement à l'achèvement de la grande piste cyclable reliant le centre et la gare à Prokocim et Bieżanów. Consultez le site Internet www.krakow.rowery.org.pl. La voïévodie (division administrative) de Petite-Pologne possède de nombreuses pistes cyclables très bien signalées et prolongées chaque année. Beaucoup sont dans les environs de Cracovie. Dans le centre et à Kazimierz, des loueurs de vélos proposent leurs services (env. 30 zł la journée, 15 zł les trois heures). À recommander : **Dwa Koła** (ul. Józefa 5, t. l. j. 9h-20h, ☎ 012 421 57 85, www.dwakola.neostrada.pl), **Rent a Bike** (ul. Bracka 4, t. l. j. 9h-minuit, ☎ 012 429 11 06, www.retrobikes.pl), **Rent a Bike** (ul. św. Anny 4, en saison t. l. j. de 9h à la nuit, ☎ 0501 745 986, www.bikes-rental.prv.pl) **Alice Drive** (ul. Podgórska 28, mar.-sam. 14h-20h, dim.10h-20h). Certains loueurs organisent des visites guidées de la ville à vélo.

ADRESSES UTILES

Secours ☎ 999
Service médical privé 24h/24
Falck : ☎ 96 75 ou 012 639 54 01
Renseignements médicaux 24h/24
☎ 012 661 22 40
Police ☎ 997 (d'un portable appelez le 112)
Poste de police
Rynek Główny 29, ☎ 012 615 73 17 (24h/24)
Commissariat de police
Szeroka 35, ☎ 012 615 29 14 (quartier de Kazimierz)
Pompiers ☎ 998
Police municipale ☎ 986
Urgences dentaires
Denta-Med : Austiańska 13, ☎ 012 292 33 00 (24h/24)
Vitadent : Dietla 38, ☎ 012 432 86 00 (8h-minuit)
Renseignements ferroviaires (PKP) ☎ 94 36 (automatique) ou 012 393 15 80
Liaisons routières (PKS) ☎ 0 300 300 120 (des tél. TP), ou 0 701 374 445 (des tél. Netia), ou 720 81 20 (d'un portable)
Transports urbains (MPK)
☎ 91 50, www.mpk.krakow.pl

En taxi

Les taxis sont assez bon marché. Il revient moins cher de les commander par téléphone (vous ne payez qu'à la prise en charge). Les plus grandes compagnies sont : **Radio Taxi** ☎ 919 ; **Krak Taxi** ☎ 012 267 67 67 ou 96 65 ; **Wawel** ☎ 96 66 ; **Euro Taxi** ☎ 96 64 ; **Barbakan** ☎ 96 61. Le tarif de nuit (applicable entre 23h et 5h) et des jours fériés est 50 % plus cher. La course du centre-ville ou de Kazimierz à la gare coûte entre 12 et 14 zł.

Où se garer

Cracovie est divisée en trois zones de stationnement : A, B et C. Ne peuvent stationner en zone A que les personnes ou services détenteurs d'une autorisation spéciale. Peuvent se garer en zone B les taxis, les véhicules des services autorisés et les riverains. Pour stationner dans la zone C, la plus grande, procurez-vous une carte de stationnement dans un kiosque (3 zł l'heure).

En Pologne, particulièrement dans le centre des grandes villes, attention aux vols par effraction et aux vols de voiture. Même pour une brève halte, laissez votre voiture de préférence dans un parking gardé.

La poste

Le bureau principal est 20, rue Westerplatte, à l'angle de Wielopole. Il est ouvert du lundi au vendredi de 7h30 à 20h30, le samedi de 8h à 14h. La poste en face de la gare (ul. Lubicz 4) est ouverte du lundi au vendredi de 7h à 20h, le samedi de 7h à 14h (sauf expédition des colis). On peut envoyer lettres, fax, mandats, courriers express. Un fax est à la disposition des clients dans ces deux bureaux et au bureau Info. Centrum (ul. Wielopole 2), du lundi au vendredi, de 7h30 à 20h, le samedi de 8h à 14h. Le bureau de poste le plus proche du Rynek, place Wszystkich Świętych 9, est ouvert du lundi au vendredi de 8h à 20h.

Téléphoner

Pour appeler à Cracovie, composez le 00 48 suivi du 12 (indicatif de Cracovie) puis du numéro de votre correspondant.
Pour appeler une autre ville en Pologne, composez le 0 suivi de l'indicatif de la ville et du numéro de votre correspondant.
Pour contacter la France, faites le 00 33 puis le numéro de votre correspondant sans le 0 initial.
Vous trouverez des appareils téléphoniques à carte dans toute la ville. Attention, à l'hôtel, vous pouvez appeler de votre chambre, bien sûr, mais l'appareil public dans le hall sera plus économique. Utilisez aussi le Telepunkt (Point-Phone, Rynek Główny 19), où vous pourrez acheter des timbres, des cartes de téléphone, commander une communication internationale, envoyer un fax, utiliser Internet…
Les appareils rectangulaires argentés acceptent les cartes magnétiques et électroniques à puce. Les appareils ovales argentés n'acceptent que les cartes électroniques.
À partir des appareils jaunes, qui marchent aussi avec des cartes à puce, il est possible d'envoyer des SMS et des mails.

Internet

Dans le centre, de nombreux cafés proposent un accès

LES POINTS D'INFORMATIONS TOURISTIQUES

• Wieża Ratuszowa (beffroi de l'hôtel de ville)
Rynek Główny 1
☎ 012 433 73 10
T. l. j. 9h-17h.
Ul. Szpitalna 25
☎ 012 432 01 10
ou 432 00 60
T. l. j. 9h-17h.
Ul. św. Jana 2
☎ 012 421 77 87
Lun.-sam. 10h-18h.
Ul. Józefa 7
☎ 012 422 04 71
Lun.-ven. 10h-16h.
• Info. Centrum Kraków – Poste centrale
Wielopole 2
☎ 012 428 03 05
ou 422 83 05.
• Małopolskie Centrum Informacji Turystycznej (Centre d'information touristique de Petite-Pologne)
Rynek Główny 1/3
(halle aux Draps du côté de l'église Notre-Dame)
☎ 012 421 77 06
ou 421 30 51
Fax 012 421 30 36
Lun.-ven. 10h-17h, sam. 10h-16h, dim. et j. f. 10h-14h.

LA CARTE DE TOURISME

De la taille d'une carte de crédit, la carte de touriste, valable 2 jours (45 zł) ou 3 jours (65 zł), offre la possibilité d'emprunter tous les autobus et tramways intra-urbains et donne accès gratuitement aux 32 musées (à l'exception des collections d'art nationales du Wawel). Elle est aussi valable dans les bus de nuit et sur la ligne du 192 qui conduit à l'aéroport de Balice. Les détenteurs de la carte peuvent obtenir des réductions dans certains restaurants et magasins et sur les tarifs d'excursions. La carte, nominative, ne peut pas être cédée. La période de validité va du jour où vous l'achetez à minuit le lendemain.

à Internet (environ 3 zł l'heure). Le café au n° 23 du Rynek Główny est ouvert 24h/24. Si vous avez votre ordinateur, vous aurez accès à Internet gratuitement. Le Rynek, les terrasses de café près du beffroi de l'hôtel de ville, et les cafés et les pubs de la rue Szeroka près de la Vieille Synagogue, à Kazimierz, sont connectés au réseau. Votre ordinateur découvrira automatiquement la borne wi-fi « Krakow123Internet ». Une fois la liaison établie, la mise en marche du moteur de recherche et le site choisi, vous serez automatiquement dirigé sur le site www.krakow.123internet.pl.

Le change

Les grandes agences bancaires sont ouvertes du lundi au vendredi, de 9h à 18h, leurs succursales généralement jusqu'à 17h. Les distributeurs des banques ayant leur siège sur le Rynek Główny acceptent la majorité des cartes de paiement. La plupart des magasins acceptent les règlements par carte bancaire. Vous pouvez aussi changer vos devises dans des bureaux de change, les *kantor*. En règle générale, le taux qu'ils proposent est plus intéressant que celui des banques.

Visites guidées

Pour visiter la ville, rien de mieux qu'une balade de quelques heures. Pour se déplacer entre le Rynek, le Wawel et Kazimierz, il est inutile d'emprunter un moyen de transport. Plusieurs sociétés louent les services de guides professionnels, dont la Société des guides touristiques de Cracovie (ul. Floriańska 19/6A, ☎/Ⓕ 012 422 28 51). Consultez la liste des guides sur le site de l'association. Parmi eux, l'Association des guides et des propagateurs du savoir sur Cracovie (ul. Rabina Meiselsa 18, ☎ 0600 447 911), le bureau de l'office de tourisme PTTK – Cercle des guides de la ville (ul. Westerplatte 5, ☎ 012 422 26 76 / 422 85 28, Ⓕ 012 422 37 23). Faire le tour de la ville en voiture électrique peut être une première approche agréable et confortable. La balade comprend le Rynek Główny, la vieille ville, Wawel, Kazimierz, le monastère de Skałka. Départs t. l. j. (d'avril à octobre) de la rue Mikołajska, près de l'église Notre-Dame.

Musées et galeries

Les galeries privées sont généralement ouvertes de 10h à 18h. Les heures d'ouverture des galeries et des musées publics varient d'un endroit à l'autre. La plupart sont ouverts du mardi au dimanche, de 10h à 18h. Mais les horaires de visite des collections nationales du Wawel sont différents. La galerie de la halle aux Draps et le musée Czartoryski sont ouverts certains jours jusqu'à 15h30. Pensez à toujours vérifier les horaires d'ouverture indiqués dans la présentation des musées, dans le chapitre Visiter.

Visiter Cracovie
et ses incontournables

Pour faciliter votre découverte de la ville, nous vous proposons 12 promenades dans Cracovie et une excursion à l'extérieur, toutes illustrées par une carte. Si vous disposez de peu de temps, voici une sélection de 13 incontournables, à ne manquer sous aucun prétexte. Tous sont évoqués au fil des visites, et vous les retrouverez décrits de manière plus détaillée, sous forme de fiches, à la fin du chapitre Visiter.

Zamek Królewski na Wawelu (château royal du Wawel)

Le plus fameux des châteaux de Pologne a été la résidence des premières dynasties et le témoin d'événements qui ont marqué l'histoire du pays. Ce superbe site historique date de la Renaissance. Des tapisseries du XVIe s. et les fameuses « têtes du Wawel », un plafond à caissons ornés de têtes en bois sculpté, décorent les salles du château.

Voir visite n° 6, p. 52 et incontournable p. 70.

Katedra Wawelska (cathédrale du Wawel)

Premier sanctuaire de Pologne, lieu du couronnement des rois, c'est aussi leur dernière demeure ainsi que celle des ducs et de grands poètes.

Voir visite n° 6, p. 53 et incontournable p. 71.

Kościół Paulinów na Skałce (église des paulins à Skałka)

Le plus grand sanctuaire voué au culte de saint Stanislas. Des Polonais célèbres reposent dans la crypte de l'église.

Voir visite n° 10, p. 63 et incontournable p. 72.

Cmentarz Remu (cimetière Remu'h)

Un des plus anciens cimetières juifs d'Europe.

Voir visite n° 10, p. 61 et incontournable p. 73.

Kościół Mariacki (église Notre-Dame)

Remarquable édifice gothique orné de deux tours magnifiques. Du sommet de la plus haute tour, la célèbre trompette sonne les heures jour et nuit.

Voir visite n° 1, p. 40 et incontournable p. 74.

Ołtarz Wita Stwosza (retable de Veit Stoss)

Monument historique gothique en bois doré et polychrome parmi les plus précieux d'Europe.

Voir visite n° 1, p. 40 et incontournable p. 75.

Collegium Maius

Cet édifice, le plus ancien de l'université Jagellon, abrite un musée.

Voir visite n° 3, p. 47 et incontournable p. 76.

Sukiennice (halle aux Draps)

Ce magnifique édifice Renaissance situé au milieu du Rynek Główny abrite des échoppes de marchands de souvenirs. Au 1er étage, la galerie du Musée national.

Voir visite n° 1, p. 42 et incontournable p. 77.

Muzeum Czartoryskich (musée Czartoryski)

Le musée national est l'un des plus riches musées de Pologne.

Voir visite n° 4, p. 49 et incontournable p. 78.

Muzeum Narodowe (Musée national)

L'art polonais de la fin du XIXe s. à nos jours.

Voir visite n° 7, p. 55 et incontournable p. 79.

Teatr Słowackiego (théâtre Słowacki)

C'est dans ce théâtre, construit en 1893 sur le modèle de l'Opéra de Paris, qu'eut lieu en mars 1901 la première des *Noces* de Wyspiański.

Voir visite n° 5, p. 51 et incontournable p. 80.

Planty

La ceinture verte de la vieille ville est le lieu de promenade préféré des Cracoviens.

Voir Visite n° 6, p. 52 et incontournable p. 81.

Kopalnia soli w Wieliczce (mine de sel de Wieliczka)

Un monde fantastique de grottes, de chapelles, de sculptures, de lacs miniatures et de stalactites.

Voir visite n° 13, p. 69 et incontournable p. 82-83.

1

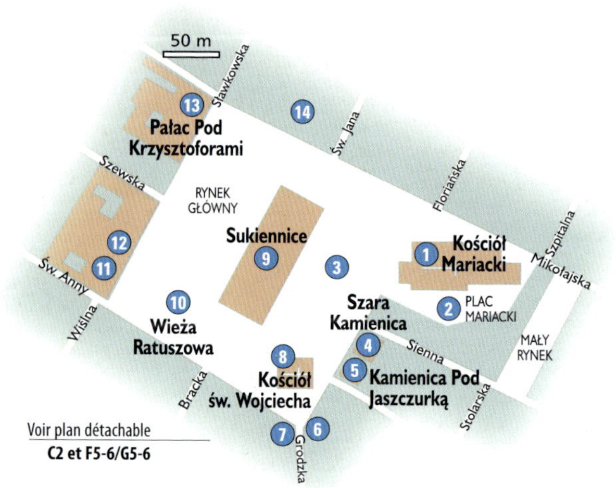

Voir plan détachable
C2 et F5-6/G5-6

La Grand-Place du marché, le cœur de Cracovie

Ses marchandes de fleurs, ses calèches, ses pigeons, ses demeures patriciennes séculaires… Le Rynek, l'une des plus grandes places de marché d'Europe, couvre une superficie de 4 hectares. En 1525, le prince prussien Albrecht Hohenzollern y donna acte d'allégeance au roi Sigismond Ier le Vieux, et, en 1794, Tadeusz Kościuszko y prêta solennellement serment, donnant ainsi le signal de l'insurrection.

❶ Kościół Mariacki★★★

(église Notre-Dame)
Pl. Mariacki 5
☎ 012 422 55 18 / 422 05 21
Lun.-sam. 11h30-18h, dim. et fêtes 14h-18h
Tour Notre-Dame : 1er mai-31 août mar., jeu., sam. 9h-11h30 et 13h-17h30
Accès payant
Voir incontournable p. 74.

Cette basilique gothique à trois nefs fut en partie érigée sur les fondations d'une église romane de la première moitié du XIIIe s. Vous admirerez le baptistère gothique, le ciboire Renaissance de Giovanni Maria Padovano, les stalles du XVIIe s. Et vous serez certainement inprèssionné par l'immense retable gothique (11 × 13 m) en chêne et tilleul, réalisé par Veit Stoss (voir p. 75). Assistez à son ouverture solennelle vers 11h50. Au terme de l'ascension des 239 marches de pierre et de bois de la tour où retentit la trompette ponctuant les heures, vous aurez sous les yeux un superbe panorama.

❷ Fontanna z żakiem★★★

(fontaine à l'étudiant)
Pl. Mariacki.

Lieu de rendez-vous, cette place compte parmi les plus charmantes de Cracovie. Son excellente acoustique et la vue sur le sonneur en font un très bon endroit pour écouter la trompette de l'église Notre-Dame. Lancez une pièce de monnaie dans la fontaine, ainsi vous serez sûr de revenir… Le modèle de l'étudiant (1958) est un personnage du retable de Veit Stoss, que vous repérerez dans la caisse centrale de l'œuvre.

❸ Monument à Adam Mickiewicz★★

Touristes et Cracoviens, cortèges de manifestants patriotiques ou cortèges de noce, tous se donnent rendez-vous au pied de la statue. Critiquée pour ses valeurs esthétiques, elle incarne le patriotisme. Sur son socle, quatre allégories : la Patrie, la Poésie, la Science et la Bravoure. Érigée en 1898 pour le 100e anniversaire

de la naissance du poète, détruite par les Allemands en 1940, elle fut remplacée par une copie quinze ans plus tard. La toilette annuelle de la statue souillée par les pigeons est toujours un grand événement.

❹ Szara Kamienica★★★

(Maison grise)
Rynek Główny 6 (angle du Rynek et de la rue Sienna).

Selon la légende, le roi Casimir le Grand l'aurait fait construire pour sa bien-aimée Sara (XIVe s.). En 1574, le roi Henri III de Valois y festoya après son couronnement. En 1794, Tadeusz Kościuszko y réunit son état-major. Elle abrite de nos jours le restaurant Szara (p. 91) avec une voûte gothique et une polychromie de Józef Mehoffer, ainsi qu'un pub, une discothèque dans les caves et une terrasse dans la cour intérieure.

❺ Kamienica Pod Jaszczurką★★

(Maison au lézard)
Rynek Główny 8
T. l. j. 10h-2h.

Vous y siroterez un cocktail, vous y jouerez aux échecs ou au bridge dans une ambiance médiévale. Les années de splendeur du club étudiant Pod Jaszczurami sont passées, mais les voûtes gothiques de ce café font qu'il mérite une visite.

❻ Pasaż Handlowy★

(passage du Commerce)
Rynek Główny 13.

Deux maisons ont été réunies, Pod Opatrznością (À la Providence) et Pod Złotą Głową (À la tête dorée). On trouve ici des boutiques, une épicerie fine, un marchand de vins, un magasin de musique et un pub de jazz.

❼ Wierzynek★★★

Rynek Główny
☎ 012 424 96 00
T. l. j. 13h-minuit.

Réservez une table dans les salles ayant vue sur l'église Notre-Dame et la halle aux Draps (salles Tatrzańska et Pompejańska). On y fait des festins royaux depuis 1364. Y ont mangé le roi Casimir le Grand, l'empereur Charles IV et Louis Ier le Grand ; plus récemment, le président Ford, Margaret Thatcher et Mikhaïl Gorbatchev.

❽ Kościół św. Wojciecha★★★

(église Saint-Adalbert)
Rynek Główny 3.

Intime, plein de charme, ce sanctuaire roman au dôme baroque commémore les prêches de saint Adalbert, si l'on en croit les *Chroniques* de Jan Długosz. Admirez la partie romane de l'édifice, dont les ouvertures et le portail du XIIe s. du côté de la rue Grodzka.

❾ Sukiennice★★★

(halle aux Draps)
Rynek Główny 2
• Boutiques : lun.-sam. 10h-20h, dim. et hiver 10h-19h
• Galerie de peinture polonaise :
☎ 012 422 11 16
Nov.-avr. mar., jeu., sam.-dim. 10h-15h30 ; mer., ven. 10h-18h (fermé pour travaux de juil. 2006 à 2009)
Voir incontournable p. 77.

La halle, construite à la fin du XIVe s., tire son nom des échoppes de drapiers installés là dès la seconde moitié du XIIIe s. Cet édifice gothique couronné d'un attique Renaissance fut fortement remanié après l'incendie de 1555 et au XIXe s., où furent ajoutées les arcades. C'est la plus ancienne galerie marchande de la ville. Dans l'immense halle ornée des emblèmes de corporations d'artisans et d'armoiries de villes polonaises, vous achèterez costumes folkloriques de Cracovie, peintures sur verre, sculptures en bois, lampes à abat-jour en vitrail, copies d'icônes et objets en ambre. Faites un tour dans la galerie d'Anita Bialic, ou allez prendre un café et une *kremówka* au café Noworolski (p. 96). La halle aux Draps abrite également la Galerie de la peinture et de la sculpture polonaises du XIXe s.

❿ Wieża Ratuszowa★★

(beffroi de l'hôtel de ville)
Rynek Główny 1

Mai-nov. t. l. j. 10h30-18h
Accès payant.

Le beffroi gothique, surmonté d'un dôme baroque, 70 m de haut et 55 cm d'inclinaison, est tout ce qu'il reste de l'hôtel de ville. À ses pieds se déroulent les relèves de la garde municipale commémorant la libération de Cracovie du joug autrichien et se retrouve Bractwo Kurkowe, la Confrérie du coq, société de tir locale. Des scènes y sont dressées lors des festivals, des Juwenalia, de la Foire d'art populaire. Les caves séculaires, anciennes salles de tortures et de détention, ancien estaminet où l'on servait de la bière de Świdnica, abritent aujourd'hui une scène du théâtre Ludowy et un café qui dispose d'une terrasse sur la dalle du Rynek. Si vous montez dans le beffroi, vous verrez au passage une exposition temporaire du Musée historique de la ville de Cracovie. À proximité, une plaque commémore la prestation de serment de Tadeusz Kościuszko le 24 mars 1794.

⓫ Kabaret Piwnica pod Baranami★★★

(cabaret La cave aux Béliers)
Rynek Główny 27
☎ 012 421 25 00.

Cette enclave de la chanson et du monologue original, d'humour plein de finesse et de poésie demeure imprégnée de l'esprit toujours en effervescence d'un personnage légendaire, Piotr Skrzynecki (1930-1997), probablement le dernier représentant de la bohème cracovienne. Sous le régime communiste, ce lieu était une oasis de liberté débridée et d'optimisme en dépit de la censure.

S'y sont produits Wiesław Dymna, Ewa Demarczuk, Krzysztof Litwin, Mieczysław Święcicki, Marek Grechuta, Krystyna Zachwatowicz, Jacek Wójcicki et les compositeurs Zygmunt Konieczny, Jan Kanty Pawluśkiewicz, Zbigniew Preisner. Certains d'entre eux s'y produisent encore. La troupe actuelle, 36 artistes, représente trois générations. La cave gothique du palais Potocki accueille à peine 80 spectateurs. Selon la « tradition » inaugurée par Skrzynecki, le programme du samedi est toujours improvisé. Les harengs de veillée de Noël, les œufs de Pâques de la Piwnica ont toujours beaucoup de succès ; viennent les gens bien informés (dons obligatoires). Allez découvrir le monde enchanteur du cabaret Pod Baranami. Même s'il n'y a pas de spectacles, le bar est ouvert t. l. j. (de 19h jusqu'au dernier client). Vous pourrez y rencontrer les artistes (voir aussi p. 19 et p. 131).

⓭ Pałac Pod Krzysztoforami★★★

Rynek Główny 35
• Musée historique de Cracovie
☎ 012 619 23 00
• « L'histoire et la culture de Cracovie »
Mar., mer., ven., dim. 9h-16h ; jeu. 10h-17h.

Au XVIIe s., trois demeures gothiques furent réunies pour former le palais actuel, l'un des plus beaux de Cracovie. Voyez la salle du 1er étage décorée de stucs baroques par Baltazar Fontana. Trois rois vécurent ici : Jean Casimir, Michel Korybut Wiśniowiecki et Stanislas Auguste Poniatowski. Au XVIe s., l'alchimiste italien De Stessi fit des expériences dans les caves. Un coq incarnant le diable erre dans le palais et la Dame noire y fait des apparitions. Quiconque la croise connaîtra la date de sa mort... C'est dans les caves gothiques du palais que le théâtre Cricot 2 de Tadeusz Kantor fit ses premières expérimentations. Le palais abrite la Cricoteka (. 49), un centre de documentation sur l'auteur de *La Classe morte* ; la galerie d'art avant-gardiste du Groupe de Cracovie, qui y organise des vernissages ; et le café Krzysztofory. Il abrite aussi le Musée historique de Cracovie depuis 1963.

⓮ Loża★★

(la Loge)
Rynek Główny 41
☎ 012 429 29 62.

Jeune, le club des acteurs ouvre à tous son café-restaurant où l'on sert un excellent café, de délicieux cocktails et de bons plats. Les sièges sont confortables. Très belle vue sur le Rynek (ouverture des baies et terrasse en été). On peut payer en euros.

⓬ DRINK BAR VIS A VIS★★

C'est le lieu de rendez-vous des artistes. Piotr Skrzynecki, le fondateur du cabaret Piwnica pod Baranami, y passa des heures durant des années. Le bar se situe au rez-de-chaussée de la maison Pod Blachą, du XVe s. Près de l'entrée, Piotr Skrzynecki vous invite à boire une vodka à sa table. Cracoviens et touristes adorent se faire photographier à côté de cette statue.

Rynek Główny 29, t. l. j. 8h-23h.

2

Voir plan détachable
C2-3 et F6/G6

Les rues Grodzka et Kanonicza,
la voie royale

Au XIVe s., Cracovie comptait vingt-deux rues. Les plus anciennes sont la rue Grodzka et la rue Kanonicza. La rue Grodzka, avec ses demeures patriciennes, ses églises, ses magasins et ses restaurants anciens, est la rue préférée des touristes et des étudiants, la vie y bat son plein jusqu'à une heure avancée de la nuit. La rue Kanonicza, bordée de maisons Renaissance, est tout son contraire, calme et pittoresque.

❶ Wiśniowy Sad★★

(La Cerisaie)
Grodzka 33
☎ 012 430 21 11
Lun.-jeu. 10h-22h,
ven.-dim. 10h-minuit.

Des blinis au caviar, de vrais *pelmeny* de Sibérie (des sortes de raviolis à la viande cuits dans du bouillon), ou un excellent thé à la confiture… de cerises, bien sûr !
La Cerisaie est un havre de tranquillité où flottent une atmosphère surannée et l'esprit d'Antoni Tchekhov. Assis autour d'une table couverte d'un napperon fait main, vous vous laisserez aller à la rêverie en écoutant des romances jouées au piano.

❷ Skarbiec★

(Le Trésor)
Grodzka 35
☎ 012 422 60 56
Lun.-ven. 10h-19h,
sam. 10h-15h.
Cette galerie de bijoux est installée dans un des anciens ateliers d'orfèvres qu'abritait la maison au XIIIe s. On peut y acheter des bijoux en argent, en or, en titane ou en verre et, bien évidemment, en ambre.

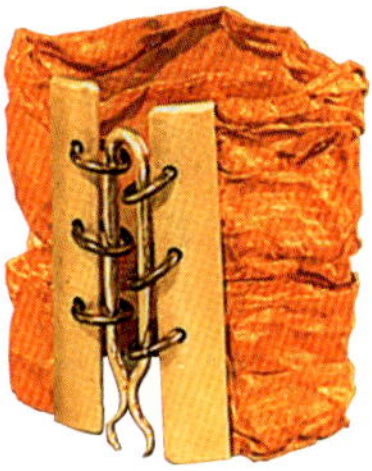

❸ Pod Aniołami★

(Aux Anges)
Grodzka 35
☎ 012 421 39 99
T. l. j. 13h-minuit.

À côté du restaurant Pod Aniołami (la porte voisine), vous saliverez devant les spécialités gastronomiques régionales : charcuterie traditionnelle de Lisiece, toutes sortes de fromages de brebis, des *pierogi*, sorte de gros raviolis, truites et esturgeons fumés. Pour les amateurs de pâtisseries : *szarlotka*, gâteau aux pommes, *sernik*, gâteau au fromage blanc, et des *mazurki*, gâteaux à pâte sablée.

❹ Kościół św. św. Piotra i Pawła★★★

(église Saints-Pierre-et-Paul)
Grodzka 38
Crypte de Piotr Skarga
Lun.-sam. 9h-17h, dim. 13h-17h (juil.-sept. 9h-17h45)
Présentation du pendule de Foucault jeu. 10h, 11h, 12h.

Cette perle de l'architecture baroque fut construite pour les jésuites que le roi Sigismond III Vasa attira à Cracovie en 1583. Son aspect extérieur a été inspiré par l'église Il Gesù de Rome. La nef est flanquée de chapelles. Douze statues représentant les apôtres, érigées sur des socles de pierre, surmontent la clôture. Les présentations du pendule de Foucault (46,5 m), qui démontre le mouvement de rotation de la Terre, sont une attraction supplémentaire.

❺ Kościół św. Andrzeja★★★

(église Saint-André)
Grodzka 56.

Les murs romans dissimulent un intérieur baroque. Ses deux tours de pierre blanche coiffées de bulbes baroques donnent à l'église une silhouette caractéristique. Les stucs décorant l'intérieur sont de Baltazar Fontana. Des statuettes de la Nativité, du début du XIVe s., comptent parmi les plus belles pièces du trésor du couvent des Clarisses.

Cette église, érigée entre 1079 et 1098, est l'un des plus anciens bâtiments de Cracovie. Y a été découverte la signature d'un maçon du XIIe s., l'une des plus anciennes inscriptions dans la pierre en Pologne.

❻ Kanonicza★★★

(rue des Chanoines)

Une demeure Renaissance, des galeries, des cours intérieures mystérieuses, des pavés... C'est la plus belle et la plus ancienne rue de Cracovie, qui serpentait jadis sous les murs du château. Elle doit son nom, apparu en 1401 (Canonicorum), aux membres du chapitre de la cathédrale du Wawel qui y résidaient au XIVe s. La Rudawa qui coulait au bout de la rue obligeait ces dignitaires ecclésiastiques à utiliser une passerelle en bois. Toute la ruelle et chacune des maisons qui la bordent sont historiques. Parmi les plus anciennes, au n° 6, Dom Rycerski (maison des Chevaliers), du XIVe s., et au n° 5, Dom Kapitulny (maison Capitulaire), du XVe s. Au n° 1, le palais de l'évêque Samuel Maciejewski. Au n° 2, un attique à créneaux. Au n° 7, Dom Pod Trzema Koronami (Aux Trois Couronnes), à la façade Renaissance ornementée de détails gothiques.

❼ MUZEUM ARCHIDIECEZJALNE★★

Deux maisons historiques abritent le musée. Dans ses collections, des objets d'art sacré : des ostensoirs, des croix, des habits liturgiques et un beau ciboire gothique attribué à l'orfèvre Michał Brenner (XVe s.) ; et des objets rappelant la mémoire du pape Jean-Paul II, qui vécut de 1951 à 1963 au n° 19, dans l'ancienne maison des chanoines Saint-Stanislas.

(musée de l'Archevêché) – Kanonicza 19-21,
☎ 012 421 89 63 – Mar.-lun. 10h-16h, sam.-dim. 10h-15h.

3

Voir plan détachable
C2 et F5-6

De la rue Bracka
à la rue Szczepańska

La rue Bracka, la rue des Frères, qui va du Rynek à l'église des Franciscains (des frères mineurs, d'où son nom), est la quintessence de Cracovie, un mélange d'élégance désuète et de flou artistique. Dans ses cafés, on échange les potins, on boit un petit noir, ou l'on y déjeune sur le pouce. Quant aux rues Gołębia et Jagiellońska, elles ont traversé les siècles sans se départir de leur caractère universitaire. La deuxième va jusqu'au Stary Teatr et à la rue Szczepańska.

❶ Prowincja★★

(la Province)
Ul. Bracka 3
T. l. j. 8h-minuit.

Un cadre accueillant, une ambiance sympathique. C'est le café préféré des étudiants, des artistes et des intellectuels. Agréable pour le petit déjeuner, un café ou un chocolat. De délicieux gâteaux.

❷ Collegium Novum★★

Ul. Gołębia 24.

L'université Jagellon (UJ), fondée le 12 mai 1364 par le roi Casimir le Grand, est la deuxième université d'Europe centrale après celle de Prague. Le Collegium Novum, siège du Rectorat, fut construit en 1883-1887 sur les plans de Feliks Księżarski. La cafétéria Convivum propose des plats simples et, bien entendu, du café.

❸ Antykwariat Uty Kalinowskiej★★

(magasin d'antiquités d'Uta Kalinowska)
Ul. Gołębia 3
☎ 012 430 24 24
Lun.-ven. 11h-18h, sam. 11h-14h.

Toute l'histoire de Cracovie et de la Galicie en abrégé, un vrai musée : des statues de saints en bois sculpté ; des meubles du Spisz, des villages environnants ou de salon ; des lampes d'époque, des napperons et des couvre-lits et autres bibelots.

❹ Collegium Maius★★★

Ul. Jagiellońska 15, (angle de św. Anny)
☎ 012 422 05 49
Lun.-ven. 10h-14h20, sam. 10h-13h20, avr.-oct. jeu. 10h-17h20
Voir incontournable p. 76.

Vous admirerez la cour pavée entourée d'arcades du XVe s. et le puits en son milieu. Reconstruit à la suite des deux incendies de 1462 et 1492 qui l'endommagèrent gravement, le plus ancien édifice de l'université fut agrandi en intégrant les maisons contiguës. Remarquez le pittoresque encorbellement gothique de la *Stuba communis* et sa toiture baroque.

❺ Kościół Świętej Anny★★★

(église Sainte-Anne)
Ul. św. Anny 11
T. l. j. 7h-21h.

Dans les années 1970, la foule s'y pressait pour écouter les sermons de l'abbé Maliński, dont le plus court fut celui où il monta en chaire pour déclarer : « On devient tous des goujats .» Depuis 1400, la plupart des bâtiments de la rue św. Anny appartiennent à l'université Jagellon. Collégiale universitaire, l'église fut élevée en 1689 d'après les plans de Tylman von Gamer. Le portail et les magnifiques stucs à l'intérieur sont de Baltazar Fontana.

❻ Stary Teatr im. Heleny Modrzejewskiej★★★

(Vieux Théâtre Helena-Modrzejewska)
Ul. Jagiellońska 1 (angle de la rue Szczepańska)
Infos pratiques : voir p. 131.

Le plus ancien théâtre de Pologne (1799) est le siège de l'une des meilleures troupes. En deux cents ans, le bâtiment a subi plusieurs transformations, dont celle de sa décoration intérieure au début du XXe s. Il abrite un musée et une intéressante collection de costumes et de décors.

❼ BUNKIER SZTUKI★★

Le Bunker de l'Art organise des expositions d'art contemporain international et polonais, animées par des clubs de discussion, des rencontres avec des artistes, des critiques et des personnalités des milieux culturel et universitaire. Le café attenant est un lieu branché jusqu'à une heure avancée de la nuit. Essayez la terrasse avec vue sur les Planty !

Plac Szczepański 3
☎ 012 422 10 52
Mar.-mer., ven.-dim. 11h-18h, jeu.11h-20h.

4

Voir plan détachable
C2 et F5-6/G6

De la rue Szczepańska à la Barbacane

Blottie pendant près de sept cents ans derrière ses remparts, Cracovie comptait onze rues partant du Rynek : sept menaient aux portes de la ville et quatre se heurtaient aux murs. Les seuls vestiges de cette époque sont la porte Saint-Florian, la Barbacane et un tronçon de muraille qui serpente le long de la pittoresque rue Pijarska.

❶ Muzeum Stanisława Wyspiańskiego★★

(musée Stanisław Wyspiański)
Ul. Szczepańska 11
☎ 012 422 70 21
Mai-oct. : mar., mer., dim. 10h-19h, jeu.-ven. 9h-16h
Nov.-avr. : mar.-jeu. 10h-18h30, ven. 10h-18h, sam.-dim. 10h-15h30
Accès libre dim.

Dans des salles en enfilade sur les deux étages de la maison Szołayski (XVIIe s.), sont exposés des souvenirs de l'artiste : dessins de vitraux, de costumes, de décors ; meubles, objets décoratifs commandés par Zofia et Tadeusz Żeleński et par la maison de l'Association des médecins, et des œuvres inachevées. Une polychromie évoquant ses différentes périodes est reconstituée sur certains murs. Tadeusz Boy-Żeleński évoque avec humour les péripéties liées aux meubles dessinés par l'artiste pour leur appartement. « Souffre et reste vigilant ! semblait dire chaque meuble. L'austérité de ces meubles tenait à l'idée austère que Wyspiański se faisait de la vie, à son art qui avait pour mission de secouer les esprits, de ne pas laisser les gens en repos, de ne pas les laisser dormir. » (T. Boy-Żeleński, *L'Histoire de quelques meubles.*)

Stanisław Wyspiański, Helenka.

❷ Cricoteka – Ośrodek Dokumentacji Sztuki Tadeusza Kantora★★★

(Centre de documentation de l'art de Tadeusz Kantor)
Ul. Szczepańska 2
☎ 012 421 69 75.

Costume noir, chemise blanche boutonnée jusqu'au cou, parapluie noir… Tadeusz Kantor fut un grand artiste d'avant-garde, peintre et metteur en scène de spectacles prodigieux *(La Classe morte* et *Wielopole, Wielopole).* Il fonda en 1980 la Cricoteka (voir p. 43), un « centre d'archives vivantes », réunissant ses célèbres collages, ses décors et les dessins de ses spectacles, ses manifestes théâtraux et artistiques.

❸ Muzeum Czartoryskich★★★

(musée Czartoryski)
Ul. św. Jana 19
☎ 012 422 55 66
Mai-oct. : mar., jeu. 10h-16h ; mer., ven.-sam. 10h-19h ; dim. 10h-15h
Nov.-avr. : mar., jeu., sam.-dim. 10h-15h30 ; mer., ven. 10h-18h
Accès libre dim.
Voir incontournable p. 78.

Le tout premier musée de Pologne occupe l'arsenal municipal (XVIe s.) et l'ancien couvent des Piaristes. Les collections débutent au XVIIIe s. *La Dame à l'hermine*, de De Vinci, en est le fleuron.

❹ Kościół Pijarów★★

(église des Piaristes)
Ul. Pijarska 2.

Les piaristes, arrivés à Cracovie en 1654, se consacrèrent à l'enseignement. Des Polonais illustres fréquentèrent leurs écoles, dont Tadeusz Kościuszko. L'église, à la façade étagée sur trois niveaux, fut construite entre 1714 et 1727 d'après les plans de Kacper Bażanka.

❺ Brama Floriańska★★

(porte Saint-Florian)

Elle faillit être détruite en 1900 (elle empêchait le passage du tramway !), mais fut sauvée par la remarque d'un conseiller : « Si l'on détruit la tour Saint-Florian, le courant d'air près de l'église Notre-Dame sera insupportable. » La porte, élevée en 1300, fut couronnée d'un toit en 1694. Elle faisait jadis partie des fortifications de la ville, et était rattachée à la Barbacane toute proche.

❻ Barbakan★★

(la Barbacane)

Cette tour de défense du XVe s. dressée à l'entrée de la ville, est la plus grande construction de ce type en Europe, et la seule aussi bien conservée. cent trente meurtrières sur quatre niveaux, des murs de 3 m d'épaisseur, et un diamètre de 24,4 m. L'été y ont lieu des concerts, des spectacles et diverses animations.

❼ « MLECZKOLAND » GALERIA AUTORSKA ANDRZEJA MLECZKI★★

Mleczko évoque ainsi l'histoire de sa galerie : « En 1982, c'est l'état de guerre. Tout est un peu horrible, un peu drôle. Comme publier dans la presse dite du régime n'aurait pas été très convenable, je décide d'ouvrir une galerie privée. » Venez admirer ou acheter des œuvres de l'artiste, anciennes ou récentes : des tasses, des T-shirts, des caleçons décorés de ses dessins, ou encore des draps avec cette charmante injonction : « Citoyen, ne baise pas si ça n'a pas de sens. »

(galerie personnelle d'Andrzej Mleczko)
Ul. św. Jana 14
☎ 012 421 71 04
Lun.-ven. 11h-19h, sam. 10h-15h.

5

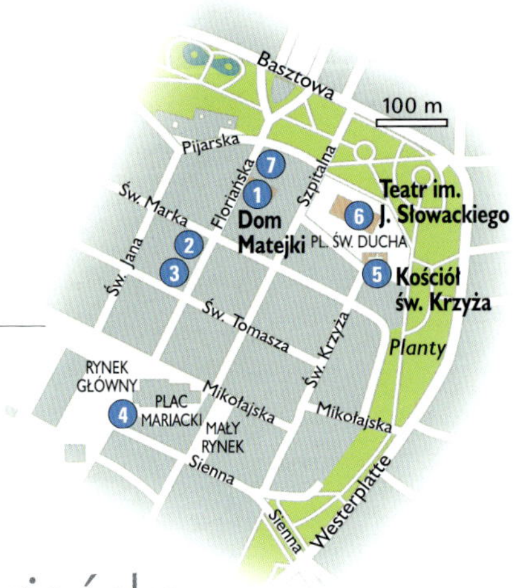

Voir plan détachable
C2/D2 et G5-6

Autour de la rue Floriańska

Dans ce quartier animé chargé d'histoire, où foisonnent monuments et magasins, la place Mariacki et la rue Floriańska, ainsi nommée depuis sept cents ans, sont toujours noires de monde. La rue św. Krzyża, ancienne rue de bourgeois ciriers, est plus calme. Le théâtre Słowacki occupe la majeure partie de la place św. Ducha. Légèrement en retrait, à l'ombre de saules, l'église Sainte-Croix, vestige du quartier médiéval des hôpitaux.

❶ Dom Matejki★★

(maison de Matejko)
Ul. Floriańska 41
☎ 012 422 95 26
Mar., jeu. 9h-15h30, mer., ven. 11h-18h, sam.-dim. 10h-15h30
Accès libre dim.

Ici naquit Jan Matejko, le plus grand peintre historique polonais. Cette demeure du XVIe s. où il créa et mourut abrite des tableaux et des souvenirs de l'artiste. Les pièces du 1er étage ont conservé l'aspect qu'elles avaient de son vivant : le salon et ses meubles incrustés de mosaïques de marbre, sa chambre à coucher. Au 3e étage, on découvre son atelier.

❷ Święta Krowa

(La Vache sacrée)
Ul. Floriańska 16
De 12h jusqu'au dernier client.

Les lumignons scintillent, la musique ne gêne pas la conversation, et le thé vert parfumé avec de vraies fraises vous revigorera. L'été, vous viendrez vous y mettre à l'abri de la chaleur. Par temps de pluie, l'odeur d'encens vous transportera sous d'autres cieux, en Inde ou au Népal.

❸ Hôtel Pod Różą★★★

(Hôtel À la rose)
Ul. Floriańska 14.

« Que cette maison dure des années, aussi longtemps que la fourmi n'aura pas bu la mer et que la tortue n'aura pas fait le tour du monde », clame la sentence latine inscrite sur la frise du portail Renaissance datant du XVIe s. Le lieu fut transformé en hôtel il y a plus de cent cinquante ans. Franz Liszt et le tsar Alexandre Ier y dormirent. La cave à vins est gothique, restaurée. À l'intérieur, des fresques et des poêles de faïence anciens. Un restaurant a été installé dans la cour, sous une verrière.

❹ Wólczanka

Plac Mariacki 1
Lun.-ven. 10h-18h, sam. 10h-15h.

Des chemises, ordinaires, sport ou habillées, dans des coupes et des couleurs variées. L'entreprise polonaise Wólczanka, en activité depuis plus de soixante ans, fabrique trois millions de chemises pour hommes par an.
Vous pourrez en acheter, ainsi que de jolies cravates assorties, dans son magasin situé en face de la basilique Mariacki.

❺ Kościół św. Krzyża★★★

(église Sainte-Croix)
Plac św. Ducha.

Ce lieu de culte construit en 1300 est situé dans un charmant recoin, tout au bout de la rue św. Krzyża. À l'intérieur, de belles polychromies, un autel baroque et des fonts baptismaux en bronze datant de 1423.
Autrefois église des mendiants, des enfants abandonnés, des malades et des sans-logis, elle accueille aujourd'hui les artistes et les amis des bêtes. Chaque année, en septembre, y est célébrée une messe dominicale à l'intention des animaux et de leurs protecteurs.

❻ Teatr im. J. Słowackiego★★★

(Théâtre Słowacki)
Plac św. Ducha 1
Voir incontournable p. 80.

Pour comprendre la passion locale pour la poésie, rendez-vous un dimanche matin au Salon de poésie organisé par le théâtre (entrée gratuite, nombre de places limité), pour y entendre les plus grands acteurs déclamer des vers. Le théâtre fut érigé en 1893 d'après le projet de Jan Zawiejski, sur le modèle de l'Opéra de Paris. Sa construction nécessita la démolition d'un hôpital gothique datant de 1244. L'imposant rideau de scène (9 × 11m), de Henryk Siemiradzki, représente des scènes allégoriques et mythologiques (voir p. 131).

❼ JAMA MICHALIKA

Un intérieur obscur éclairé par des vitraux ; un mobilier original ; sur les murs, des caricatures et des peintures satiriques de Sichulski, Wojtkiewicz et Gryglewski. La décoration est l'œuvre de l'architecte Franciszek Mączyński et du peintre Karol Frycz.
En 1895, Jan Apolinary Michalik fonde dans la rue Floriańska la pâtisserie Lwowska. Les jeunes peintres de l'académie des Beaux-Arts voisine y établissent bientôt leur quartier général. Petit-bourgeois, Michalik déteste le style de vie des artistes. Mais le destin va lui jouer un tour : ce ne sont pas ses gâteaux qui le rendront célèbre, mais le local à l'arrière du magasin, où se réunit la bohème.

Ul. Floriańska 45,
☎ 012 422 15 61
T. l. j. 10h-22h (jusqu'au dernier client le week-end).

6

Voir plan détachable
C2-3

La colline du Wawel et les Planty

« Ici tout est la Pologne, chaque pierre et chaque caillou », écrivait Stanisław Wyspiański. Sur une colline de roche calcaire au cœur de la ville se dressent le château royal du Wawel et la cathédrale où reposent les souverains polonais. Ce site remarquable, le plus prestigieux de Pologne, est un symbole national et culturel. De ce sommet se déroule une vue superbe sur la Vistule et le tertre de Kościuszko.

❶ Planty★★★

Voir incontournable p. 81.

Cet ancien terrain envahi de chardons et d'orties fut « planté » après la démolition des remparts et le comblement des fosses, et devint le lieu de promenade favori des Cracoviens dès la première moitié du XIXe s.

❷ Wzgórze Wawelskie et Zamek Królewski★★★

(colline du Wawel et château royal)
Wawel 5
☎ 012 422 51 55
Voir incontournable p. 70 pour le détail des horaires.

On accède au château, qui fut la résidence des rois de Pologne pendant des siècles (dynasties des Piast, des Jagellons et des Vasa), par sa vaste cour Renaissance. Sur la gauche, dans les salles du rez-de-chaussée, les vestiges de l'église Saint-Géréon, qui date du XIe s. et recèle le chakram du Wawel. Les premières constructions du château apparurent dans la première moitié du XIe s., sous les règnes de Boleslas le Vaillant et Mieszko II.
Le château doit son aspect actuel à Sigismond le Vieux (XVIe s.). Le plafond à caissons de la salle des Députés, ornés de têtes sculptées, et les cent trente-huit tapisseries Renaissance font la gloire du Wawel.

❸ Katedra★★★

(cathédrale)
Wawel 3
☎ 012 422 26 43
Voir incontournable p. 71.

Une première église romane fut érigée sur cet emplacement vers 1020 par le roi Boleslas le Vaillant. Sa charpente actuelle date de la fin du gothique. Ses trois nefs sont entourées de chapelles et de tours. Un dôme doré coiffe la magnifique chapelle Renaissance des Sigismond.

❹ Dzwon Zygmunta et groby królewskie★★★

(cloche Sigismond et tombeaux royaux)

La cloche Sigismond ne tinte qu'à l'occasion des grandes fêtes et des grands événements de l'Église ou de l'État. Elle pèse près de 11 tonnes et son battant 300 kilos. Financée par Sigismond le Vieux et fabriquée dans une fonderie locale par Hans Behem de Nuremberg, elle tinta pour la première fois le 13 juillet 1521. Le privilège de sonner la cloche la plus connue de Pologne est accordé aux seuls membres de la Confrérie des sonneurs de Sigismond (au nombre de 28). Mieszko, le fils de Boleslas, fut le premier roi à être enterré dans les cryptes du Wawel où reposent les souverains polonais, des héros nationaux tel Tadeusz Kościuszko, et de grands poètes comme Adam Mickiewicz et Juliusz Słowacki. Le maréchal Józef Piłsudski est enseveli dans une crypte située sous la tour des Cloches d'argent.

❺ « Wawel zaginiony »★★

(Wawel disparu)
Lun., mer.-sam. 9h30-15h, dim. 10h-15h
Accès libre dim.

Dans les anciennes cuisines royales, les fondations d'un ancien *palatium*, logis seigneurial, et d'une rotonde de la Vierge Marie des Xe et XIe s. furent mises au jour en 1964. L'exposition présente des découvertes archéologiques attestant une présence humaine sur la colline du Wawel il y a cinquante mille ans.

❻ Smocza Jama★★

(la Caverne du dragon)
T. l. j. avr.-sept.

Au pied du Wawel, creusée dans la roche calcaire, se trouve une caverne, habitée sous le règne du roi Krak par un méchant dragon. Un jeune cordonnier, Dratewka, tua le monstre. La légende ne nous en dit pas plus (voir p. 11). En fait, les grottes abritaient un cabaret et… une maison close. Aujourd'hui, la Caverne du dragon est une attraction pour les touristes.

❼ POMNIK DŻOKA★

Symbole de la fidélité et de l'amour canins, Dżok attendit son maître, mort au cours d'une promenade, pendant près de un an au rond-point Grunwaldzki. Recueilli par Maria Miller, il vécut auprès d'elle six ans. À la mort de cette dernière il échoua dans un chenil d'où il s'enfuit pour mourir écrasé par un train le dimanche de Pâques 2000. Un monument dessiné par Bronisław Chromy a été érigé à sa mémoire.

(Monument à Dżok)

7

Voir plan détachable
B2-3/C2-3

Piasek et Nowy Świat, des Planty à Błonia

On peut y faire du shopping, se poser dans un café, admirer des vitraux Sécession. À l'angle des rues Karmelicka et Siemiradzki se trouve la maison où vécurent Stanisław Przybyszewski et sa femme Dagna. Les déclarations de l'artiste sur l'art étaient très suivis, et ses conférences sur la magie noire faisaient salle comble.

❶ Kościół Karmelitów na Piasku★★★

(église des Carmélites de Piasek)
Ul. Karmelicka 19
T. l. j. 7h-20h.

Commencée par Ladisław Herman, l'église fut achevée en 1397 par le roi Ladislas Jagellon qui fit venir des carmélites. Son aspect actuel date des années 1656-1679. Dans une pierre scellée dans le mur de l'église, on peut voir la trace d'un pied. C'est celui de la reine Jadwiga qui avait offert la boucle en or de l'une de ses chaussures à un tailleur de pierre dont la femme était gravement malade... dit la légende.

Józef Mehoffer, Le portrait de l'épouse.

❷ Muzeum Mehoffera★★★

(musée Mehoffer)
Ul. Krupnicza 26
Mer.-jeu., sam.-dim. 10h-15h30, ven. 10h-18h
Accès libre dim.

Józef Mehoffer (1869-1946), peintre et décorateur talentueux de la Jeune-Pologne, devint célèbre grâce à ses vitraux, notamment ceux de la cathédrale de Fribourg. Vous pourrez en voir dans la

maison où il vécut les douze dernières années de sa vie, à côté de projets décoratifs, de peintures à l'huile, de dessins et de souvenirs de famille.

❸ Pałac Hutten-Czapskich★

(palais Hutten-Czapski)
Ul. Józefa Piłsudskiego 10-12
☎ 012 295 55 00
Accès aux collections réservé aux chercheurs.

Sont réunies dans le palais de cette riche famille aristocratique, qui en fit don au Musée national, ses collections particulières de médailles et monnaies de Mieszko Ier, Boleslas le Vaillant et Mieszko III, ainsi que de monnaies rares de Courlande et des chevaliers teutoniques, de l'Antiquité, des Piast et du Moyen Âge. On y voit aussi de belles collections cartographiques dont 700 cartes de la République de la fin du XVe s. au XIXe s.

❺ Dom Ekielskiego★★

(maison Ekielski)
Al. Krasińskiego 21.

Cette maison à l'angle de la rue Piłsudskiego et de l'avenue Krasińskiego dessinée par l'architecte Władyslaw Ekielski en 1899 allie des éléments médiévaux (la tourelle) et Renaissance (la loggia). Renouant avec le style des manoirs et des villas de la bourgeoisie des environs, elle annonçait l'architecture locale de la première moitié du XXe s. Elle n'est visible que de l'extérieur, mais allez visiter au n° 23 de l'avenue Krasińskiego la plus ancienne fabrique de vitraux de Cracovie, dirigée à partir de 1906 par Stanisław Gabriel, Iza et Adam Żeleński. Furent réalisés là les vitraux de Józef Mehoffer et Stanisław Wyspiański.

❻ Muzeum Narodowe★★★

(Musée national)
Al. 3 maja 1
☎ 012 295 55 00
Mai-oct. : mer., ven.-sam. 10h-19h ; mar., jeu. 10h-15h30 ; dim. 10h-15h
Nov.-avr. : mer., ven.-sam. 10h-18h ; mar., jeu., dim. 10h-15h30
Accès libre dim.
Voir incontournable p. 79.

Y est présenté l'art de la Jeune-Pologne. À côté d'œuvres de Józef Mehoffer, Stanisław Wyspiański et Jacek Malczewski, des tableaux d'artistes d'avant-garde de l'entre-deux-guerres tels Tytus Czyżewski, Zbigniew Pronaszko, Jan Cybis et Stanisław Ignacy Witkiewicz, dit « Witkacy ».

❼ Cukiernia w hotelu Cracovia★

(pâtisserie de l'hôtel Cracovia)
Al. Marsz. F. Focha 1
Lun.-ven. 9h-19h, sam. 9h-18h, dim. 9h-17h.

La passion de Stefan Przebindowski, chef pâtissier du Cracovia, ce sont les desserts et les pâtisseries. Il les a présentés dans le monde entier. Allez savourer, le temps d'une pause, une *kremówka*, un éclair ou un strudel aux fruits.

❹ MASSOLIT★★

Café, librairie, salle de lecture, salon littéraire. Un couple d'Américains partage avec ses clients sa passion pour les livres et les pâtisseries. C'est l'un des endroits les plus chaleureux de Cracovie. L'intérieur, meublé avec style, évoque un vieil appartement cracovien. Y sont organisées des soirées littéraires, des rencontres avec des poètes et des traducteurs, parfois des concerts.

Ul. Felicjanek 4,
☎ 012 432 41 50
Dim.-jeu. 10h-20h, ven.-sam. 10h-22h.

8

Voir plan détachable
C2-3/D2-3

Du pont Grunwaldzki au quartier de Wesoło

Au cours de votre promenade vous pourrez voir tour à tour des gravures japonaises au centre de l'Art et de la Technique japonais, l'intérieur baroque de l'église des Bernardins et la charmante cour de la demeure du n° 10, rue Starowiślna où, au début du XXe s., Piotr Stachiewicz avait sa galerie et Leon Wyczółkowski son atelier. Ce dernier s'y battit en duel avec Mehoffer, et Artur Rubinstein y jouait du piano.

❶ Manggha – Centrum Sztuki i Techniki Japońskiej★★

(centre d'Art et de Technique japonais)
Ul. Marii Konopnickiej 26
☎ 012 267 27 03 / 267 37 53.

Le réalisateur Andrzej Wajda et sa femme, la scénographe Krystyna Zachwatowicz, consacrèrent le prix reçu par Wajda de la ville de Kyoto à la construction de ce centre qui abrite la magnifique collection d'art japonais de Feliks Jasieński Manggha (1861-1929). Ce critique d'art, collectionneur et voyageur, était un personnage haut en couleur connu pour la manière peu conventionnelle dont il constitua sa collection, emportant sous son immense pèlerine les toiles choisies dans les ateliers de ses amis. Des rencontres, des expositions, des concerts et des débats y sont régulièrement organisés.

❷ Kościół Bernardynów★★

(église des Bernardins)
Ul. Bernardyńska 2
☎ 012 422 16 50.

Les prêches appelant à la lutte contre le péché que Jean de Capistran, attiré à Cracovie en 1453 par des émissaires de Jean Casimir, prononçait sur le Rynek, poussèrent les Cracoviens à faire un autodafé de leurs objets de luxe et cent hommes à entrer dans l'ordre des Bernardins fondé récemment. En 1454 fut édifiée pour eux une église que les Suédois incendièrent pendant le siège de la ville en 1655. Elle fut ensuite reconstruite dans le style baroque. N'hésitez pas à entrer dans la chapelle Sainte-Anne pour y admirer une belle sculpture de la sainte avec la Vierge et l'Enfant exécutée dans l'atelier de Veit Stoss.

❸ Muzeum Przyrodnicze★

(musée des Sciences naturelles)
Ul. św. Sebastiana 9
☎ 012 422 59 59
Lun.-jeu. 9h-17h,
ven., dim. 9h-18h.

Les amateurs d'histoire naturelle auront plaisir à visiter ce musée de la PAN, l'Académie polonaise des sciences. Ils y verront les coquilles de la plus grosse moule du monde (1,5 m), l'unique spécimen de rhinocéros poilu de l'époque glaciaire et une collection de minéraux.

❹ Sklep z ceramiką « Gala »★

(magasin de céramique « Gala »)
Ul. św. Gertrudy 26
☎ 012 421 33 66
Lun.-ven. 10h-17h,
sam. 11h-14h.

Sur toute la céramique de Bolesławiec (plats, assiettes, saladiers, bougeoirs...), faite

à la main, vous retrouverez le même motif traditionnel bleu foncé, marron ou blanc. Outre la vaisselle, on trouve quelques articles en verre soufflé de Krosno. Chaque objet est une petite œuvre d'art.

❺ Kościół św. Mikołaja★★

(église Saint-Nicolas)
Ul. Kopernika 9
T. l. j. 7h-20h.

Construite au XIIIe s. sur la route commerciale reliant Cracovie à Sandomierz et Kiev, l'église appartenait aux bénédictins de Tyniec qui en financèrent la construction contre la formation de leurs moines à l'université. Remarquez la « lanterne des morts » du XIVe s. apportée là en 1871 de l'hôpital médiéval des lépreux. Au Moyen Âge, ces lanternes étaient déposées devant les couvents, les hôpitaux, les hospices et les cimetières attenant aux églises (d'où leur nom).

❻ OGRÓD BOTANICZNY★★

Pour un moment de repos au milieu d'arbres centenaires, de plantes et de fleurs exotiques. Le jardin fut créé en 1783 sur une ancienne propriété des jésuites que Stanislas Auguste Poniatowski offrit au botaniste Jan Jaśkiewicz. Serres et forceries apparurent bientôt. Cinq mille espèces de plantes, 6 000 arbres et arbustes se côtoient sur plus de 10 ha. Le « chêne jagellon », âgé de 500 ans, est l'unique vestige de la forêt primaire. Un observatoire astronomique fut bâti dans le jardin de 1788 à 1792.

(Le jardin botanique)
Ul. Kopernika 27 – ☎ 012 633 36 35
T. l. j. 9h-19h (17h en automne)
Szklarnie (serres) : sam. et dim. 10h-18h
Accès payant.

9

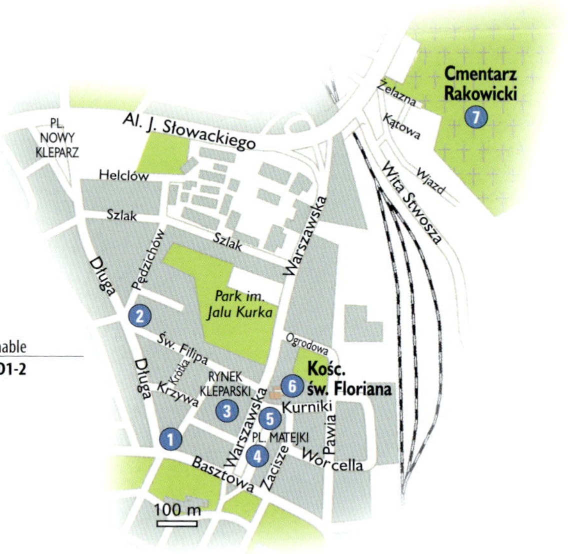

Voir plan détachable
C1-2/D1-2

Autour de la gare principale – Kleparz et Rakowice

Le centre, aujourd'hui si animé, était il y a encore cent ans un faubourg. La rue Długa (Longue), ancienne voie menant vers le nord du pays, était célèbre pour ses relais de poste et ses auberges où s'arrêtaient les marchands avant leur entrée dans la ville. Mais le cœur de ce quartier est depuis toujours le marché, encore très fréquenté aujourd'hui.

❶ Dom Pod Globusem★

(maison Au Globe)
Ul. Długa 1
☎ 012 422 54 23.

Le bâtiment qui abrite aujourd'hui la grande maison d'édition Wydawnictwo Literackie fut édifié en 1904. Excellent exemple de la Sécession polonaise, il est pourvu d'une tour ornée d'une horloge et coiffée d'un globe terrestre. Les vitraux de la cage d'escalier représentent une locomotive à vapeur, une automobile, un bateau et une traction haute tension.

❸ Stary Kleparz★★

(le vieux Kleparz)
Rynek Kleparski
T. l. j. 6h-18h.

C'est un endroit coloré où il y a toujours foule. Les fermières des villages environnants viennent y vendre leurs produits : fromage blanc, crème fraîche, concombres et chou marinés.

Le marché couvre en partie l'ancienne colonie à laquelle Casimir le Grand octroya une charte de fondation au XIVe s. La ville fut finalement rattachée à Cracovie en 1792.

❹ Plac Matejki★

(place Matejko)
Brama Floriańska.

Au XIXe s., Kleparz fut divisé en deux : le marché d'un côté, et de l'autre la place où furent bâtis, dans un style classique, l'académie des Beaux-Arts (1879) et le siège de la Direction des chemins de fer (1889), à l'époque l'édifice le plus moderne de Cracovie. En 1910, un monument commémorant la victoire de Grunwald sur les chevaliers teutoniques (1410) fut érigé sur la place.

❺ Restauracja Jarema★★

(restaurant Jarema)
Plac Matejki 5
☎ 012 429 36 69
T. l. j. 10h-minuit.

Un manoir de nobliaux où flottent de délicieuses odeurs d'ail, d'herbes et de savoureux plats polonais, lituaniens, ukrainiens et biélorusses. La musique douce, les bougies et, en automne et en hiver, le feu dans la cheminée ressuscitent le charme des festins sarmates.

❻ Kościół św. Floriana★★

(église Saint-Florian)
Ul. Warszawska 1b.

Y sont conservées les reliques de saint Florian, mort en 304, offertes à Cracovie par le pape Lucjusz III (XIIe s.).
Le trésor de l'église recèle également un reliquaire du commandeur de l'ordre des Chevaliers teutoniques offert par Ladislas Jagellon après la bataille de Grunwald.

❼ Cmentarz Rakowicki★★

(cimetière Rakowicki)

Tracé en 1802 sur des terres alors loin de la ville, le cimetière est aujourd'hui à deux pas du centre. Des Polonais célèbres y ont leur dernière demeure (Helena Modrzejewska, Jan Matejko, Wojciech Kossak, Tadeusz Kantor), au milieu d'arbres séculaires et de belles sculptures.

❷ DOM TURECKI

Cette « maison turque » a une histoire romanesque. Lors d'un voyage en Égypte, Teodor Rayski rencontre une musulmane qu'il épouse et ramène à Cracovie. Pour ses beaux yeux, il fait édifier un minaret sur la façade de leur maison puis fait venir un muezzin qui lancera ses appels à la prière au grand dam des voisins.

Ul. Długa, angle de Pędzichów.

10

Voir plan détachable
C3/D3

Kazimierz,
l'ancien quartier juif

L'ancien quartier juif, avec ses maisons de prières et ses belles églises gothiques, est aujourd'hui un quartier branché apprécié des artistes. Y foisonnent les galeries et les bars où les gens viennent écouter de la musique live, voir un film ou assister à des spectacles off. La vie se concentre autour de la rue Szeroka et de la place Nowy, le cœur du quartier.

❶ Stara Synagoga – Muzeum Judaistyczne★★★

(Vieille Synagogue – musée du Judaïsme)

Ul. Szeroka 24
☎ 012 422 09 62
Avr.-oct. : lun. 10h-14h, mar.-dim. 10h-17h
Nov.-mars : lun. 10h-14h, mer.-jeu., sam.-dim. 9h-16h, ven. 10h-17h
Accès libre lun.

La synagogue, bâtie à la charnière du XVe et du XVIe s., détruite pendant la Seconde Guerre mondiale, reconstruite dans les années 1950, abrite une exposition permanente d'objets cultuels et culturels juifs. Dans le vestibule, une citerne « d'eau vive » et une belle bassine en étain du XIIIe s. Dans la grande salle de prières, la grille de la *bimah* – où se déroulait le rituel –, un tronc des pauvres en pierre et une arche sainte Renaissance.

❷ Synagoga et cmentarz Remu★★★

(synagogue et cimetière Remu'h)
Ul. Szeroka 40
Dim.-jeu. 9h-16h (18h l'été), ven. 9h-15h30 (17h30 l'été)
Accès payant
Voir incontournable p. 73.

La synagogue doit son nom au fils du fondateur, Moshe, dit « Remu'h », grand kabbaliste et philosophe, fin connaisseur du Talmud. Elle est jouxtée par l'un des plus vieux cimetières juifs d'Europe. Outre la tombe de Moshe Isserles, vous y verrez de belles pierres tombales et de beaux sarcophages. À côté de l'entrée se trouve un « mur des lamentations » fait de débris de *matsevas*, les pierres tombales.

❸ « Galicja », Muzeum Żydowski★★

(« Galicie », Musée juif)
Ul. Dajwór 18
☎ 012 421 68 42
T. l. j. 9h-20h (en été), 9h-18h (en hiver).

Des photographies ressuscitent un monde disparu.
Des concerts, des ateliers de danse et des dîners de sabbat présentent la culture juive.

❹ Muzeum Inżynierii Miejskiej★★

(musée de l'Ingénierie)
Ul. św. Wawrzyńca 15
☎ 012 421 12 42
Mar.-dim. 10h-16h (18h en été).

Dans cet ancien dépôt construit vers 1900 pour abriter le premier tramway électrique (des tramways hippomobiles circulaient depuis 1882) sont exposés des postes de radio et de télévision, des machines à écrire, divers appareils du XIXe s. du fabricant de bougies et de cierges Antoni Roth, et des voitures et des motos polonaises.

❺ Ulica Szeroka★★★

(rue Large)

Ses monuments et ses cafés pittoresques animés jusqu'au petit matin donnent à cette rue son ambiance. Chez Alef (p. 92), on goûte à la cuisine juive et, le soir, on y écoute de la musique. Voyage et Transylwania (p. 95) proposent de quoi grignoter et quelques plats chauds. On va aussi chez Ptaszyl, un bon café, et Ulica Krokodyli, pour son décor. Si, au cours d'une promenade nocturne, vous apercevez une lumière surnaturelle derrière une fenêtre du n° 22, où se dressait jadis la synagogue Na Górce, sachez que c'est l'esprit de Natan Spira, un mage et kabbaliste du XVIIIe s., qui étudie les mystères de l'Univers.

❻ Dawno temu na Kazimierzu★★

(Autrefois à Kazimierz)
Ul. Szeroka 1
T. l. j. 9h-minuit.

Un endroit plein de charme aménagé dans un style fin XIXe s. début XXe s., époque où le borchtch se préparait encore dans des marmites en terre et où les étagères des garde-manger croulaient sous les bocaux. Vous y mangerez des *pierogi* passés au four, du borchtch et de la soupe à l'oignon au caramel.

L'entrée par la rue Miodowa mène au self-service Polakowski (même propriétaire), à la carte plus limitée, mais aux prix moins élevés.

❼ Plac Nowy★★★

(place Neuve)

Le matin, la vie du quartier se concentre autour de l'ancien abattoir et des éventaires de fruits et légumes, de livres et de vieilleries. En fin de journée, les légumes disparaissent des étals pour céder la place aux saucisses, aux tartines gratinées et aux galettes de pommes de terre. Le soir, dans les cafés autour de la place : Alchemia (p. 132), Les Couleurs Café (p. 97), Baraka, Tajemniczy Ogród, Drukarnia, et, un peu plus loin, Singer (p. 132), l'animation ne faiblit pas avant l'aube.

❽ Plac Wolnica★★★

(place Wolnic)

Quand Casimir le Grand délimita Kazimierz, en 1355, il la voulait aussi belle que Cracovie, et sa place du marché aussi grande que le Rynek (l'actuelle n'est qu'une partie de la place originelle). Les mauvaises langues disent que c'était pour plaire à sa maîtresse Esther… Les juifs vinrent s'y établir au XVe s., près de la rue Szeroka. Quand le roi Jean Ier Albert s'y installa, la place Wolnic devint le centre du Kazimierz « chrétien ». L'ancien hôtel de ville abrite le Musée ethnographique (superbe collection de costumes folkloriques et de crèches de Cracovie).

❾ Café Młynek★★

(le Moulin)
Plac Wolnica 60
De 9h au dernier client.

À trois minutes de la place Nowy et pourtant si calme… À la différence des cafés de la place, on ne vient pas ici pour « se montrer », mais pour se reposer, discuter et manger un « petit quelque chose » : du camembert chaud aux airelles ou des pâtes à toutes les sauces. Y sont organisés expositions et concerts. Au-dessus du café, l'accueillant gîte d'étape Młynek.

❿ Kościół Bożego Ciała★★

(église du Saint-Sacrement)
Ul. Bożego Ciała 26
T. l. j. 6h-20h.

Cette église, parmi les plus belles de Cracovie, fut financée en 1340 par Casimir le Grand. Selon la légende, le sanctuaire fut construit au bord d'un étang où avait été retrouvé un ostensoir volé, signalé par une lueur. Bel autel du XVIIe s. et chaire en forme d'arche.

⓫ Kościół św. Katarzyny i Małgorzaty★★★

(église Saintes-Catherine-et-Marguerite)

Ul. Skałeczna
Angle de la rue Augustiańska
Ouv. 6h-20h.

L'église fut offerte en 1363 à l'ordre des Augustins, elle aussi par Casimir le Grand. Dans le maître-autel, *Les Fiançailles mystiques de sainte Catherine d'Alexandrie* sont l'œuvre d'un peintre cracovien du XVIIe s. Devant l'autel, sur la droite, un bas-relief représente sainte Rita, la patronne des causes désespérées. Le cloître est décoré de fresques murales médiévales et Renaissance (XIVe-XVIe s.). Là est enterré le frère augustin Izajasz Boner (XVe s.), qui aurait eu le pouvoir de confondre les femmes de mœurs légères… La bohème jeta son dévolu sur cette église qui devint un lieu de rendez-vous. « À l'époque, si un homme et une femme avaient envie de se retrouver […], il leur fallait un bon prétexte […] La visite de l'église Sainte-Catherine, située dans un quartier à l'écart, presque toujours fermée et déserte, en était un. Un tableau ancien assez obscène *(Le Triptyque de saint Jean l'Aumônier)* représentait les souffrances des pécheurs en enfer. Moyennant une petite rétribution, le portier laissait entrer les couples, leur montrait le tableau puis les abandonnait dans les stalles obscures. » (T. Boy-Żeleński, *Les Murs et les Gens*, du cycle *Connais-tu ce pays ?*)

⓬ Ulica Józefa★★

(rue Joseph)

Antiquités, brocantes et bric-à-brac, galeries d'art décoratif et de tableaux

d'artistes reconnus d'art naïf et d'avant-garde, ou de débutants, parmi les drogueries, quincailleries et menuiseries. Bienvenue dans la rue la plus célèbre de Kazimierz ! Vous y mangerez des *pierogi* bons et pas chers, ou des crêpes, danserez le tango jusqu'au matin. Vous vous reposerez à la terrasse de l'Eszeweria en contemplant les bulbes de l'église du Saint-Sacrement. Chaque année, une fête de la rue est organisée, avec un marché persan, des concours de cuisine, des concerts, des spectacles de théâtre et des expositions dans les galeries.

⓮ Kościół Paulinów na Skałce★★★

(église des Frères paulins de Skałka)
Ul. Skałeczna 15
Voir incontournable p. 72 pour le détail des horaires.

Cet immense sanctuaire, depuis le XVe s. sous la tutelle des frères paulins, est lié au culte de saint Stanislas, patron de la Pologne. C'est un endroit magique. Dans sa cour verdoyante s'élève l'église de l'Archange-Saint-Michel. Des Polonais illustres (Jan Długosz, Stanisław Wyspiański, Czesław Miłosz) reposent dans une crypte du sous-sol.

⓭ FUNDACJA JUDAICA – CENTRUM KULTURY ŻYDOWSKIEJ★

Son instigateur fut l'écrivain Jerzy Kosiński. Logée dans une maison du XIXe s., cette institution dynamique organise des débats, des rencontres et des séminaires, des expositions et des concerts. Une fois par an, la fondation organise le Mois des rencontres avec la culture juive Bajit Chadasz.

(Fondation Judaïca – Centre de culture juive)
Ul. Rabina Beera Meiselsa 17
☎ 012 430 64 52 – T. l. j. 9h-20h.

11

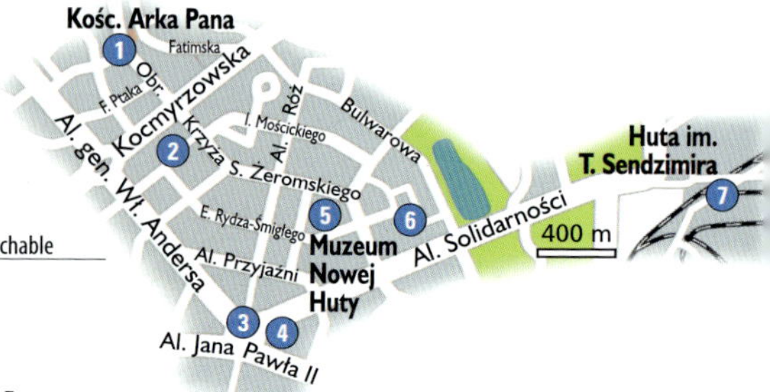

Voir verso du plan détachable

Nowa Huta, relique du communisme

Tout opposait l'univers de Nowa Huta (Aciérie nouvelle) à Cracovie. Si les tentatives du régime communiste pour fondre ou même seulement rapprocher ces deux organismes ont échoué, les artistes, eux, y sont parvenus. Les projets d'avant-garde du théâtre Łaźnia Nowa, les actions du Teatr Ludowy et des jeunes artistes des cités ont fait de « Huta » un lieu passionnant et branché.

❶ Kościół « Arka Pana », pw. Matki Bożej Królowej Polski★★

(église de l'Arche-du-Seigneur, dédiée à Notre-Dame, reine de Pologne)
Ul. Obrońców Krzyża 1
☎ 012 644 06 24.

Planifiée pour être une ville communiste modèle grâce à son gigantesque complexe sidérurgique, Nowa Huta devint un bastion anticommuniste où s'affrontaient deux mondes : le Parti, l'idéologie et le mensonge d'un côté, et de l'autre la fidélité aux convictions, le patriotisme et la solidarité, dont l'église en forme d'arche dessinée par Wojciech Pietrzyk, et consacrée par le cardinal Wojtyła en 1977, fut le symbole. À l'intérieur, on remarquera le crucifix de 8 m de Bronisław Chromy.

❷ Teatr Ludowy★★

(Théâtre populaire)
Os. Teatralne 14
☎ 012 680 21 12 (13, 46)
Billetterie : ☎ 012 421 50 16 (16h-19h30).

Ce théâtre, l'un des plus jeunes de Cracovie, est né en décembre 1955. Krystyna Skuszanka, Jerzy Krassowski et Józef Szajna ont fait du « Popu » une scène qui compte encore aujourd'hui. À proximité du théâtre, deux symboles de Nowa Huta : une croix en bois et un char. Pendant longtemps les gens se rassemblèrent au pied de la croix dressée sur l'emplacement

d'une future église à laquelle le pouvoir préféra une école. Aujourd'hui, vous verrez côte à côte la croix, l'école et une église. Quant au char stationné devant le musée de l'Action armée (os. Górali 23), rapporté de Berlin en 1945, les habitants de Huta y sont tous très attachés, quelle que soit leur couleur politique.

❸ Plac Centralny im. Ronalda Reagana★

(place centrale Ronald-Reagan)

Cette place, la plus ancienne de Nowa Huta, dessinée en 1949 par Tadeusz Ptaszycki, s'inspire de l'architecture baroque monumentale. Autour de la place, baptisée récemment place Ronald-Reagan, des magasins, une Cepelia (voir p. 121) et une très bonne librairie. Le restaurant Stylowa (Stylé) propose un filet de porc au chou sans style. Au bar – un lieu curieux –, on sert surtout de la bière. Ses gelées aux fruits multicolores se souviennent de la fin des années 1970 !

❹ Cepelia★

Centrum 1
Lun.-ven. 10h-18h, sam. 10h-14h (parfois 13h).

Dans ce magasin d'art populaire, vous trouverez des napperons en lin, des couvre-lits tissés main, des poupées folkloriques, des dragons du Wawel et des *lajkoniki*, ainsi que de la jolie céramique.

❺ Muzeum Nowej Huty★★

(musée de Nowa Huta)
Os. Słoneczne 16
☎ 012 425 97 75
Mar.-sam. et 2e dim. du mois 9h30-17h.

Vous apprendrez tout sur l'histoire de Nowa Huta, la première ville construite en Pologne après la guerre. Le musée organise des expositions, des présentations multimédias et des visites de la « vieille » Nowa Huta et des manoirs, palais et églises des villages voisins.

❼ Huta im. Tadeusza Sendzimira★★

(Aciérie Tadeusz Sendzimir)
Ul. Ujastek 1
Renseignements : ☎ 012 644 64 58.

Le centre administratif de ce complexe sidérurgique né en 1950 était appelé le « Palais des doges ». On peut encore voir à l'intérieur une belle décoration en métal, des sols et des cheminées en marbre, des plafonds à caissons et des lustres en cristal.

❻ ŁAŹNIA NOWA★★★

Les spectacles du théâtre Łaźnia attiraient à Kazimierz un vaste public et s'attiraient de bonnes critiques. Contraint de trouver un nouvel endroit, Bartosz Szydłowski, son concepteur et *spiritus movens* choisit une cité de Nowa Huta. Quelques semaines après naissait le projet du spectacle *J'habite ici*, des pièces en un acte créées à partir d'objets offerts par les habitants du quartier et de leurs histoires personnelles. Le théâtre publie aussi *Lodołamacz* (Le Brise-glace), une revue off consacrée à Nowa Huta.

(les Bains neufs)
Os. Szkolne 25 – ☎ 012 425 03 21.

12

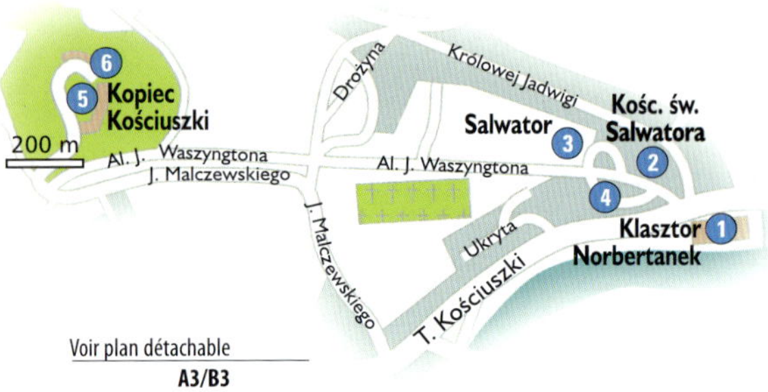

Voir plan détachable
A3/B3

Zwierzyniec, l'ancien jardin du roi

De Salwator et du tertre de Kościuszko s'étend une vue panoramique sur Błonia, les tours de l'église Notre-Dame et les clochetons de l'église du Saint-Sacrement, et, plus loin, sur le tertre de Krak élevé au VIIe ou au VIIIe s. À l'ouest se profilent le tertre de Józef Piłsudski, le plus récent, et la silhouette du couvent des Camaldules de Bielany au-dessus du bois Wolski.

❶ Klasztor Norbertanek★★

(couvent des Prémontrées)
Ul. Kościuszki 88.

Situé dans une boucle de la Vistule, il est magnifique au coucher du soleil. Ses murs imposants le protégeaient de l'ennemi (le plus souvent tatar). Arrivées de Bohême en 1162, les prémontrées fondèrent l'église et le couvent au XIIe s. Jusqu'en 1917, dix coups de cloche retentissaient chaque jour à 21h10, appelant à prier pour les âmes des noyés dans la Vistule. Selon la légende, la nuit de la Saint-Jean, une cloche émerge à la surface du fleuve et « son battant tremblant appelle au secours en heurtant ses flancs trempés, et sa voix porte au loin ». Au dernier coup de minuit, elle regagne le fond. Sous le porche de l'église, un portail roman du XIIIe s. bien conservé. Sur un autel du bas-côté, un petit sarcophage renferme les reliques de sainte Bronisława.

❷ Kościół św. Salwatora★★

(église Saint-Sauveur)
Ul. św. Bronisławy.

Le fondateur de l'église, bâtie vers 1148, fut probablement Piotr Wlast, seigneur de Zwierzyniec. La légende veut que saint Adalbert prononça un sermon avant sa dernière expédition en Prusse du haut de la chaire en pierre à l'entrée de l'église, mais celle-ci date du XVIIe s. Les prêtres y prêchaient le jour des Morts et le jeudi saint. Le premier prince polonais chrétien, Mieszko Ier, reçut de Moravie un crucifix – actuellement en Italie, à Numano, près de Loreto –, qu'il revêtit d'un habit coûteux, d'une couronne et de souliers brodés de perles. Alors qu'un pauvre violoniste jouait des airs pieux à son intention, le Christ crucifié « lâcha son soulier pour le lui donner, le tirant ainsi de la misère ».

❸ SALWATOR★★★

Au printemps, les arbres fruitiers embaument et les magnolias sont en fleur. En hiver, la neige rend l'endroit enchanteur. Les rues de cette ville-jardin montent en lacet. C'est ici que vous verrez le plus joli cimetière de Cracovie. Si les maisons Sécession et le tracé de cette oasis sont nés vers 1908, cette partie du quartier de Zwierzyniec a une origine beaucoup plus ancienne, comme en témoignent l'église Saint-Sauveur et le couvent des Prémontrées, du XIIe s.

❹ Ulica Gontyna★★

(rue Gontyna)

En 1908, un quartier de maisons particulières aux curieuses façades Sécession fut construit pour les fonctionnaires. Beaucoup se trouvent rue Gontyna, du nom d'un sanctuaire slave (des Slaves polabes) édifié là des siècles plus tôt.

❺ Kopiec Kościuszki★★

(tertre de Kościuszko)

Bordée de marronniers, l'avenue Waszyngtona mène à la colline Sainte-Bronisława au-dessus de laquelle s'élève le tertre de Kościuszko. Si vous apercevez un serpent coiffé d'une couronne de diamants, c'est que vous avez croisé le roi-serpent. Surtout ne l'effrayez pas ! Un sifflement de sa part, et des milliers de serpents accourraient à sa rescousse… Le tertre de Kościuszko, élevé « par la volonté du peuple » entre 1820 et 1823, haut de 34 m, s'élève à 333 m au-dessus du niveau de la mer. En 1856, les Autrichiens l'entourèrent de fortifications. Au pied du tertre se dresse la chapelle néogothique de la bienheureuse Bronisława.

❻ Kawiarnia Pod Kopcem★

(café du Tertre)
Al. Waszyngtona
☎ 012 12 427 03 55.

En 1977, une partie du fort autrichien fut transformée en hôtel. Du café ouvert sur la terrasse en été, on peut admirer un superbe panorama.

13

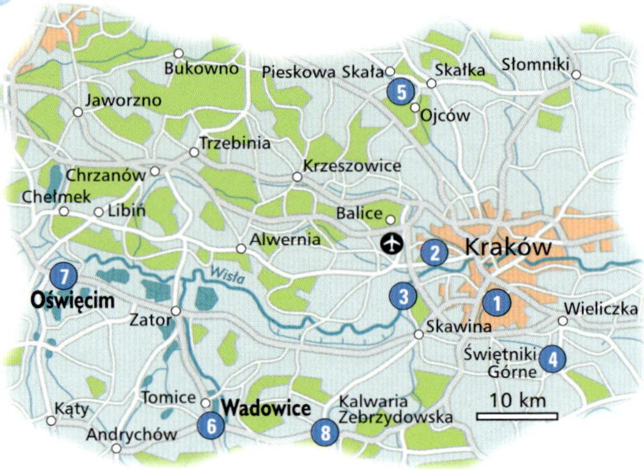

Autour de Cracovie

Située dans une cuvette entourée de collines pittoresques, à proximité de magnifiques abbayes, palais, sanctuaires, grottes et parcs naturels, Cracovie est une excellente base d'excursions pour toute la Petite-Pologne, une région au paysage très varié et riche en trésors culturels.

❶ Klasztor Kamedulów na Bielanach★★★

(couvent des Camaldules de Bielany)
Al. Konarowa 1
☎ 012 429 76 10
Accès au monastère t. l. j. (réservé aux hommes)
Femmes (seulement dans l'église) 12 jours par an.

Perle de la banlieue, c'est un univers de contemplation unique. Cet ermitage baroque coupé du monde est connu pour la sévérité de sa règle (notamment de silence). Des religieux naturellement momifiés sont inhumés dans les sous-sols de l'église, dédiée à l'Assomption. Jean III Sobieski commanda là une messe avant d'aller faire le siège devant Vienne. Auguste II y fit des retraites.

❷ Opactwo Benedyktynów w Tyńcu★★★

(abbaye des Bénédictins de Tyniec)
Ul. Benedyktyńska 37
☎ 012 267 55 26 / 267 59 77.

À 12 km de Cracovie, un endroit idéal pour trouver la paix, s'immerger dans une tradition quasi millénaire, écouter un concert d'orgue ou découvrir un ouvrage consacré à la spiritualité. Le site pittoresque de cette abbaye fortifiée et de l'église Saint-Pierre-et-Saint-Paul surplombe la Vistule d'une hauteur rocheuse. Sa forme romane primitive remaniée au XIVe s. prit des traits gothiques avant de revêtir des éléments baroques.

❸ Kopalnia Soli w Wieliczce★★★★

(mines de sel de Wieliczka)
Daniłowicza 10
Voir incontournable p. 82-83 pour le détail des infos pratiques.

Ce monde féerique de grottes, chapelles, sculptures, petits lacs et stalactites salés est classé au Patrimoine mondial de l'Unesco. La visite classique (3,5 km à une profondeur de 64 135 m) dure près de 3 heures. Les marcheurs endosseront la panoplie complète du mineur pour une visite géologique de 6 km. On y accueille aussi des curistes.

❹ Ojcowski Park Narodowy★★★

(parc national d'Ojców)

2 146 ha de ravins et de gorges, certaines de 100 m de profondeur (les plus étroites font 20 m), des cavernes (9 font plus de 50 m). La célèbre grotte de Łokietek, Petite-Coudée, mesure 250 m. Des formes insolites sculptées dans du calcaire jurassique, des animaux (plus de 2 600 espèces, entre autres des castors, des chauves-souris, des couleuvres, des sittelles), et des torrents alimentés par plus de 50 sources. Le château Renaissance de Pieskowa Skała (superbe cour d'honneur à arcades décorée de 25 mascarons) mérite une visite.

❺ Kalwaria Zebrzydowska★★★★

Klasztor OO. Bernardynów
Ul. Bernardyńska 46
Furta klasztorna (porte) : ☎ 033 876 63 04, 876 54 99, Dom Pielgrzyma (maison du Pèlerin) : ☎ 033 876 55 39.

À 30 km de Cracovie, cette petite ville de 4 500 habitants possède le plus grand sanctuaire de Pologne après celui de Częstochowa. La « Jérusalem polonaise » (site classé par l'Unesco) est un vaste ensemble baroque de la Passion que finança la famille Zebrzydowski (1603-1609) : une église, un couvent, 42 petites églises et chapelles formant le chemin de croix. Elle accueille chaque année 900 000 pèlerins.

❻ Wadowice★★

Le 18 mai 1920 naquit dans cette bourgade de plus de 700 ans sise à 50 km au sud-ouest de Cracovie sur les rives de la Skawa, Karol Wojtyła, le futur pape Jean-Paul II. Dans le musée créé dans sa maison natale, ul. Kościelna 7 (Rynek 2), vous verrez ses bulletins scolaires, des photographies, le manuscrit de la pièce *Frère de notre Dieu*, la soutane qu'il portait lors de son premier pèlerinage en Pologne.

❼ OŚWIĘCIM

Auschwitz-Birkenau, nécropole, musée, monument commémoratif et mise en garde. Dans le plus grand camp d'extermination nazi du IIIe Reich établi sur l'ordre de Himmler (1940-1945) furent détenus plus d'un million de juifs dont 140 000 juifs polonais. Les exécutions massives, les tortures, la faim et des expériences médicales inhumaines causèrent la mort d'un million et demi de détenus (dont des Tsiganes et des Russes).

(camp d'Auschwitz)
Państwowe Muzeum Auschwitz-Birkenau
Więźniów Oświęcimia 20
☎ 033 44 81 02.

Zamek Królewski na Wawelu

Dressé sur une colline calcaire, le château fut le témoin des grandes dates de l'histoire de Pologne. Résidence des Piast, des Jagellons et des Vasa, c'est un magnifique ensemble architectural qui inspira maints édifices de la Renaissance polonaise.

Un peu d'histoire

À l'aube de l'État polonais (992-1025), sous Boleslas le Vaillant, le Wawel était un logis seigneurial fortifié. Casimir le Grand (1333-1370) en fit un château somptueux qui conserva sa forme gothique jusqu'à Sigismond Ier le Vieux et Sigismond Auguste (1506-1572). Ces derniers le remanièrent dans le style Renaissance. Sigismond III Vasa ajouta des éléments baroques. Lors du démembrement de la Pologne, le château déclina. Au XIXe s., les Autrichiens le transformèrent en caserne. Ils quittèrent le château en 1905. La reconstruction dura plusieurs dizaines d'années.

Les salles

Les salles du premier étage étaient jadis occupées par les appartements du roi et les chambres des courtisans. À droite de l'escalier des Députés se trouvent la salle à manger et la garde-robe de Sigismond le Vieux. À gauche, des salles, le pavillon Gothique, le « Pied de poule » et l'Alchimie, une tour où se déroulaient des expériences alchimiques. Le deuxième étage, dit *piano nobile*, est occupé par les salles d'apparat : la salle à manger du Zodiaque et les salles des Planètes, du Tournoi, de la Revue de l'armée, et la salle des Députés dite « salle des Têtes » en raison du plafond à caissons ornés de têtes sculptées. À cet étage se trouve aussi la salle des Sénateurs, décorée de tapisseries de la série du *Déluge*.

Les tapisseries

La reine Bona apporta les premières tapisseries dans son trousseau. Elles plurent tant au roi Sigismond Ier le Vieux qu'il en commanda 108 à Anvers. Mais les plus belles du Wawel furent tissées dans des ateliers bruxellois, commandées par Sigismond Auguste. La collection compte 143 tapisseries.

COORDONNÉES

Wawel 5
(voir p. 52)
☎ 012 422 51 55
Wzgórze Wawelskie (colline du Wawel) : t. l. j. avr.-sept. 6h-20h, oct.-mars 6h-18h.
Komnaty (salles) : mar.-sam. 9h30-15h, dim. 10h-15h ; accès libre dim.
Apartamenty królewskie, skarbiec koronny i zbrojownia (appartements royaux, trésor de la couronne et salle d'armes) : mar.-sam. 9h30-15h.
Wystawa « Wawel zaginiony » (exposition « Wawel disparu ») : lun., mer.-sam. 9h30-15h, dim. 10h-15h ; accès libre dim.
Smocza Jama (Caverne du dragon) : t. l. j. avr.-sept.

Katedra Wawelska

Symbole de la gloire et de la renommée des Polonais, elle est la dernière demeure des souverains, des princes et des poètes. Trente-sept monarques y furent couronnés, les grands chefs militaires s'y recueillaient avant les batailles importantes et déposaient leurs trophées devant le tombeau de saint Stanislas. Sonnait alors la cloche Sigismond, comme aujourd'hui, lors des grands événements nationaux.

La légende

La cathédrale des saints Wacław et Stanislas est l'un des plus anciens édifices de la colline du Wawel. Un premier sanctuaire édifié vers 1020 par Boleslas le Vaillant fut détruit quinze ans plus tard. En 1142, Boleslas Bouche Torse éleva une basilique dont il reste la crypte Saint-Léonard, la partie inférieure de la tour de l'Horloge et de la tour des Cloches d'argent. L'édification d'une troisième église fut financée par Ladislas Petite Coudée au XIVe s. Dans l'intérieur obscur, sur la gauche, vous verrez des ossements d'animaux préhistoriques au bout de chaînes. Selon la croyance populaire, ils sont là pour éloigner le mal de la cathédrale et du Wawel. Leur chute signifiera la fin du monde.

Le tombeau de saint Stanislas

Ce tombeau baroque est l'œuvre de l'artiste italien Giovanni Traveno. Le cercueil en argent décoré de bas-reliefs illustrant la vie de l'évêque de Cracovie fut exécuté à Gdańsk par Piotr Van Der Rennen et Jakub Jäger. Derrière la chapelle, le chœur (maître-autel baroque), où se déroulait le couronnement des rois.

Les chapelles

Les tons verts et gris de la chapelle des Sigismond, chef-d'œuvre de la Renaissance érigé entre 1519 et 1531, contrastent avec le marbre rouge dans lequel sont taillés les stalles, les statues, les médaillons et les sarcophages. Dans une niche sur la droite, les tombeaux de Sigismond le Vieux et de Sigismond Auguste. Le tombeau du roi Stefan Batory, exécuté par l'artiste italien Santi Gucci, se trouve dans la chapelle du Saint-Sacrement. La niche en pierre où repose le roi Jean Ier Albert (mort en 1501) est l'œuvre de Francesco le Florentin.

COORDONNÉES

Wawel 3 (p. 53)
☎ 012 429 33 27
Katedra, Groby Królewskie, Dzwon « Zygmunt » (cathédrale, tombeaux royaux, cloche Sigismond) : mai 9h-16h, juin-sept. 9h-17h15, oct. 9h-17h, nov.-avr. 9h-15h, dim. et fêtes et certains jours de la semaine selon les mois.

Kościół Paulinów
na Skałce

Sur une hauteur, au bord de la Vistule, se dresse l'église baroque Saint-Michel-Archange consacrée depuis des siècles au culte de Stanislas, saint patron de Cracovie. Des Polonais célèbres reposent dans sa crypte. C'est à Skałka que Jean-Paul II inaugura ses rendez-vous réguliers avec la jeunesse, en 1979.

La fondation du sanctuaire

La porte principale du XIXe s. franchie (rue Skałeczna), vous verrez sur la droite le petit étang Saint-Stanislas et une statue de style baroque tardif représentant le martyr. Selon la tradition, c'est ici, lieu d'anciens rites païens, que fut jetée la dépouille de l'évêque de Cracovie après son exécution. Derrière se découpe la silhouette du couvent baroque des frères paulins. À gauche, un vaste escalier mène à l'église Saint-Michel-Archange, bâtie sur l'emplacement d'une première église romane puis gothique. En bas, l'entrée de la crypte des Grands Hommes.

Le culte de saint Stanislas

Stanislas est le saint patron de la Pologne. Ses reliques sont exhibées chaque année en procession du Wawel à Skałka (le dim. suivant la Saint-Stanislas, fêtée le 8 mai). En repentir du martyre de l'évêque Stanisław Szczepanowski (qui eut la tête tranchée en 1079 par le roi Boleslas le Hardi), le pape Innocent IV le canonisa à Assise en 1253. D'abord inhumée à Skałka, la dépouille de l'évêque fut transférée quelques années plus tard à la cathédrale du Wawel.

Le panthéon national

Les sous-sols de l'église recèlent la crypte des Polonais célèbres, une nécropole nationale ouverte en 1880. Y reposent ceux qui n'ont pas eu leur place au Wawel, des gens de lettres et des artistes comme Stanisław Wyspiański, Jacek Malczewski, Karol Szymanowski, Ludwik Solski, Czesław Miłosz.

COORDONNÉES

Kościół Św. Michała Archanioła i Św. Stanisława Biskupa i Męczennika
Ul. Skałeczna 15 (p. 63)
T. l. j. 6h30-12h, 14h-19h (entrées rue Skałeczna et rue Paulińska 6h30-20h)
Krypta zasłużonych (crypte des Grands Hommes) : 9h-17h, accès payant.
Accès à l'ancienne bibliothèque par la bibliothèque et le musée lun.-ven. 11h, dim. 15h.

Cmentarz Remu

Des *matsevas*, stèles funéraires noyées dans la végétation, des symboles de la Torah, l'univers du Talmud et des grands rabbins… Fondée en 1552 dans le quartier de Kazimierz, cette nécropole est l'un des plus anciens cimetières juifs d'Europe. La tombe du rabbin Moshe Isserles, du XVIe s., attire les pèlerins et tous ceux qui cherchent un soutien pour affronter les difficultés de l'existence.

De la Renaissance au baroque

La nécropole (4,5 ha), fondée en 1552, est délimitée par les rues Szeroka (entrée commune au cimetière et à la synagogue au n° 40), Miodowa, Jakuba et Ciemna. Des inhumations y eurent lieu jusque vers 1800. La tombe du rabbin Moshe Isserles fut restaurée en 1794 et les tombes les plus précieuses vers la fin du XIXe s. Plus de 700 pierres tombales datant de la Renaissance, du maniérisme ou du baroque ont retrouvé une place dans le cimetière lors de travaux de rénovation effectués en 1959.

Un grand kabbaliste

Moshe Isserles, dit « Remu'h », (1525-1572) passait en Europe pour l'un des plus grands connaisseurs du Talmud. Passionné d'astronomie, de droit rituel, de géométrie, ancien recteur de la Yeshiva de Cracovie, il alliait savoir et piété, et une bonté qu'il témoignait à tous. Il fut inhumé dans ce cimetière en 1572, tout près de la synagogue Remu'h financée par son père Israel Isserles, banquier du roi Sigismond Auguste. Sa tombe devint aussitôt un lieu de pèlerinage.

Les pierres tombales et leurs symboles

Si les inscriptions religieuses reviennent souvent sur les pierres tombales, y figurent aussi des motifs plus personnels comme le signe du Zodiaque du défunt (des étoiles protectrices) ; des mains de rabbin (faisant le geste de la bénédiction qu'on voit dans la synagogue) ; une couronne, « la couronne de la science », symbole de la sagesse et du savoir tiré de la Torah ; une cruche et une cuvette en référence aux ablutions rituelles ; des dauphins unis par la queue (image des Leviathan) ; des représentations d'oiseaux symbolisant les migrations de l'âme humaine jusqu'à Dieu ; un arbre ou des cierges brisés, symboles de la mort.

COORDONNÉES

Ul. Szeroka 40 (p. 61)
Dim.-jeu. 9h-16h (18h en été), ven. 9h-15h30 (17h30 en été)
Accès payant.

Kościół Mariacki

Elle domine fièrement le Rynek, la grand-place du marché. Sa légendaire trompette sonne aux quatre vents de la plus haute de ses deux tours. Dans le chœur se dresse une œuvre monumentale de Veit Stoss. Consacrée au culte, elle accueille aussi de grandes manifestations patriotiques, des concerts et des mariages.

L'univers gothique

L'aspect actuel de cette basilique bâtie entre 1290 et 1300 date essentiellement du XIVe s., la plupart des chapelles latérales étant du XVe s. La nef principale mesure 28 m de hauteur. La tour supérieure (81 m) est surmontée de clochetons de style gothique tardif entourant une aiguille ceinte d'une couronne dorée baroque. Tour de guet municipale pendant des siècles, la trompette y retentit toutes les heures. La tour inférieure (61 m), au clocheton Renaissance, joue, elle, le rôle de clocher.

Vitraux et ornements

Le retable de Veit Stoss est installé dans le chœur, flanqué de magnifiques stalles du XVIIe s. Les fenêtres ont conservé leurs vitraux du XIVe s. Remarquez le baptistère gothique, le ciboire Renaissance de Giovanni Maria Padovano et les polychromies dessinées par Jan Matejko.

Légendes et mystique

Jean III Sobieski fit une dernière prière dans la chapelle Notre-Dame de Lorette avant de partir faire le siège devant Vienne. Jésus-Christ en personne, sur le crucifix en pierre noire de Veit Stoss, se serait adressé à la fin du XVe s. à l'abbé Świętosław, qui aurait négligé de chanter les psaumes. De 1952 à 1957, l'abbé Karol Wojtyła y prononçait des sermons et confessait les fidèles…

COORDONNÉES

Pl. Mariacki 5 (p. 40)
☎ 012 422 55 18
ou 422 05 21
Lun.-sam. 11h30-18h, dim. et fêtes 14h-18h
Wieża Mariacka (tour Notre-Dame) : 1er mai-31 août mar., jeu., sam. 9h-11h30 et 13h-17h30 ; entrée par la rue Floriańska
Accès payant.

Le retable de Veit Stoss

L'œuvre de l'artiste Veit Stoss de Nuremberg est un trésor de la sculpture médiévale. Ce retable en bois est le plus grand et parmi les plus précieux des retables gothiques d'Europe. Ses statues, de près de trois mètres de haut, sont en bois massif doré et polychrome.

Douze ans d'une vie

Les bourgeois de Cracovie réunirent l'équivalent du budget municipal annuel pour offrir ce retable. Stoss et ses élèves y travaillèrent douze ans, de 1477 à 1489. Démonté et caché à Sandomierz avant la Seconde Guerre mondiale, le retable fut malheureusement découvert par les nazis qui l'emportèrent dans le Reich. Retrouvé en 1945 par Emeryk Hutten-Czapski, il fut rapporté en Pologne un an plus tard par le professeur Karol Eistreicher.

La Dormition de la Vierge

Le retable (11 × 13 m) se compose d'une caisse et de cinq panneaux ornés de figures de 2,8 m de haut. Dans la partie supérieure se trouvent les figures des saints patrons de la Pologne : saint Stanislas (à gauche) et saint Adalbert, séparées par le Couronnement de la Vierge. L'arbre de Jessé constitue la prédelle. Dans le caisson central du retable (ouvert !), la Dormition de la Vierge et, au-dessus, l'Assomption. Dans le panneau de gauche, de haut en bas, l'Annonciation, la Nativité et l'Adoration des mages. Dans celui de droite, la Résurrection, l'Ascension et la Descente du Saint-Esprit.

La poulaine jaune

Selon la légende, derrière le retable se trouve une poulaine jaune (chaussure de l'époque) ayant appartenu au plus jeune apprenti de l'artiste, issu d'une famille de pauvres gens. Grimpé en haut pour une ultime retouche avant l'inauguration officielle du retable (il était le plus leste), il perdit une poulaine, irrécupérable. Ému par son désespoir, le roi Casimir Jagellon lui offrit une paire de souliers.

COORDONNÉES

Kościół Mariaki (p. 40)
Ouverture solennelle du retable à 11h50.

Collegium Maius

Le Collegium Maius est le premier édifice de l'académie de Cracovie fondée en 1364 par le roi Casimir le Grand, devenue par la suite l'université Jagellon. À la mort du roi, l'académie déclina. Un legs de la reine Jadwiga, en 1400, lui donna la possibilité d'un nouvel épanouissement.

Nicolas Copernic

Avec l'argent de sa femme prématurément décédée, Ladislas Jagellon racheta les maisons de riches marchands juifs dans les actuelles rues św. Anny, Gołębia et Jagiellońska, pour y édifier la première université. Nicolas Copernic, le célèbre astronome polonais, assista à des cours dans le « lectorium de Galen », au rez-de-chaussée du Collegium Maius. Un document conservé à la bibliothèque Jagellon l'atteste : « Nicolau Nicolaj de Thuronia, solvit totum. » (« Nicolas, fils de Nicolas de Torun, a payé son dû. »).

Faust et autres alchimistes

Dans la salle d'Alchimie, un four, des bonbonnes et des cornues. Là étudièrent au XVIe s. le magicien Twardowski, astrologue et secrétaire de Sigismond III, Michał Sędziwój et le célèbre mage médiéval Johann Faust (Goethe ébaucha son Faust après une visite à Cracovie en 1790). Au premier étage, dans la *Stuba communis*, la salle commune, les professeurs se réunissaient pour prendre leurs repas et tenir conseil.

Le musée de l'université Jagellon

Le Collegium Maius abrite le musée de l'université Jagellon dont le trésor recèle les sceptres des recteurs, une collection des sceaux de l'académie et du recteur, les armoiries de l'académie et la plus grande collection de globes terrestres de Pologne (35). Un globe-horloge de 1510 est particulièrement remarquable, c'est l'un des premiers où figurent les contours de l'Amérique. Vous y verrez également des tableaux de Matejko, Wyczółkowski, Malczewski et Delacroix. Le musée se trouve au premier étage, de même que les salles d'apparat.

COORDONNÉES

Ul. Jagiellońska 15, (angle de la rue św. Anny) (p. 47)
☎ 012 422 05 49
Lun.-ven. 10h-14h20, sam. 10h-13h20, avr.-oct. jeu. 10h-17h20.
« Świat zmysłów » (Le monde des sens) : lun.-sam. 10h-14h30.

Sukiennice

Au XIIIe s., le roi Boleslas le Honteux promit aux marchands une halle aux Draps, un lieu pour leur commerce. Au départ, le bel édifice Renaissance au milieu du Rynek n'était qu'une simple rue bordée d'échoppes dont on fermait les accès la nuit afin que les drapiers puissent y laisser leurs marchandises en toute sécurité. Vers 1300, la rue fut couverte d'une toiture.

Les influences italiennes

Au XIVe s., Casimir le Grand fit élever une construction de 108 m de long et de 18 m de large à la place des échoppes. En 1555, la première halle aux Draps, dévorée par un incendie, fut reconstruite par le sculpteur et architecte italien Giovanni Maria Padovano. De cette époque date l'attique couronnant le bâtiment. Les mascarons qui surmontent le toit sont l'œuvre de Santi Gucci, artiste à la cour de Sigismond Auguste. Les arcades longeant le bâtiment furent ajoutées lors de la rénovation du XIXe s. Jan Matejko dessina les chapiteaux des colonnes.

Une légende sanglante

Dans le passage du côté de l'église Notre-Dame, pend un couteau au bout d'une chaîne. On raconte qu'il aurait été l'instrument d'un fratricide lors de la construction des tours de l'église Notre-Dame. L'aîné tua son frère pour l'empêcher d'élever une tour plus haute que la sienne. Bourrelé de remords, il s'ôta ensuite la vie. Ainsi explique-t-on la différence de hauteur des tours.

L'intérieur de la halle aux Draps

Les murs sont ornés des emblèmes des corporations. Dans les échoppes croulant sous les marchandises, les touristes trouveront colliers en ambre, anges peints, costumes et chaussons traditionnels, nappes brodées, porte-monnaie en cuir et bimbeloterie. Au premier étage, dans la galerie du Musée national, sont rassemblés des sculptures et des tableaux d'artistes polonais du XVIIIe et du XIXe s. : Marcello Bacciarelli, Jan Matejko *(L'Hommage prussien)*, Piotr Michałowski, Józef Chełmoński et Henryk Siemiradzki. Le musée fut créé sur une décision du Conseil municipal, afin d'accueillir *Les Torches de Néron,* dont Siemiradzki avait fait don à la ville en 1879.

COORDONNÉES

Rynek Główny 2 (p. 42)
Kramy (échoppes) : lun.-sam. 10h-20h, dim. et hiver 10h-19h
Galeria Malarstwa Polskiego (galerie de Peinture polonaise) : ☎ 012 422 11 16
Nov.-avr. mar., jeu., sam.-dim. 10h-15h30 ; mer., ven. 10h-18h (fermé pour travaux de juil. 2006 à 2009).

Muzeum Czartoryski

Ce musée, né de la passion de collectionneurs et du patriotisme de la famille Czartoryski, est l'un des plus riches de Pologne. Annexe du Musée national, il réunit dans un beau décor ancien des objets historiques, de l'artisanat d'art et de la peinture polonaise et étrangère. *La Dame à l'hermine*, de Léonard de Vinci, en est le fleuron.

Léonard de Vinci,
La Dame à l'hermine.

La naissance du musée

Vers la fin du XVIIIe s., la princesse Izabela Czartoryska, née Fleming, rassembla dans son palais de Puławy des œuvres d'art et des souvenirs de l'État polonais. Sa collection prenant de l'ampleur, un musée fut créé dans le parc en 1801. Après l'échec de l'insurrection de novembre 1830, les autorités tsaristes confisquèrent les biens de la famille Czartoryski. Si certains objets furent volés, la plus grande partie de la collection put être emportée à Paris, à l'hôtel Lambert, propriété des Czartoryski. En 1870, le prince Ladislas Czartoryski la transféra à Cracovie. Pour la loger, la ville lui fit don de l'ancien arsenal et il acquit la bibliothèque des frères piaristes.

Souvenirs nationaux et trésor

Dans le musée sont conservés et exposés de nombreux objets ayant appartenu aux héros nationaux comme Tadeusz Kościuszko et Józef Poniatowski. Vous y verrez des étendards des champs de bataille, des décorations, le « bouclier prémonitoire » de Jean III Sobieski, des sabres de hussard, des armes, et même une tente turque conquise en 1683 à Vienne, lors de la bataille contre les Turcs. Et aussi de la vaisselle d'argent, de la porcelaine, de la verrerie et des tapisseries.

La galerie de peinture

Des portraits de hetmans et de rois de Pologne (portraits des familles de Sigismond le Vieux et Sigismond Auguste de l'atelier de Lucas Cranach), et de nombreux tableaux de grande valeur : *Paysage au bon samaritain*, de Rembrandt ; *Paysage à la cascade et au château*, de Jacob Van Ruysdael. Le tableau le plus célèbre est sans conteste *La Dame à l'hermine*, souvent appelée *La Dame à la belette*, de Léonard de Vinci.

COORDONNÉES

Ul. św. Jana 19 (p. 49)
☎ 012 422 55 66
Mai-oct. : mar., jeu. 10h-16h, mer., ven.-sam. 10h-19h, dim. 10h-15h ; nov-avr. : mar., jeu., sam.-dim. 10h-15h30, mer., ven. 10h-18h
Accès libre dim.

Muzeum Narodowe

Jacek Malczewski,
La Nike des légions.

En 1879, Henryk Siemiradzki fit don à la ville de son tableau *Les Torches de Néron*. Le conseil municipal vota alors la création du Musée national. La première collection fut exposée dans la halle aux Draps. Au début du XXe s., le musée possédait 10 364 pièces, le nombre de visiteurs croissait de jour en jour. Aujourd'hui, le musée compte dix départements.

Dans des terrains marécageux

Au début du XXe s., des marécages s'étendaient sur l'emplacement du bâtiment principal du musée (Gmach Główny), dont la construction fut financée au départ par une collecte nationale le 3 mai 1934. Pendant la guerre, l'occupant y installa un casino et pilla meubles, tapis et sculptures ainsi qu'une partie des collections de peinture étrangère. Après la guerre, le bâtiment principal fut agrandi. Achevé en 1999, il expose l'art polonais de 1890 à nos jours, divisé en trois départements : l'art de la fin du XIXe s. au début du XXe, l'art du XXe s. et l'art du XXIe s. Des expositions temporaires intéressantes y sont également organisées.

L'art de la fin du XIXe s. au début du XXe

Ce département présente essentiellement l'art de la Jeune-Pologne : une riche collection de portraits, paysages, peinture décorative et vitraux de Stanisław Wyspiański ; des œuvres de Józef Mehoffer, Jacek Malczewski, Julian Fałata, Władysław Podkowiński, Xawery Dunikowski, Leon Wyczółkowski, Olga Boznańska. Le mouvement de la Jeune-Pologne se distinguait du courant européen par son attachement au romantisme. La Sécession et l'impressionnisme sont aussi représentés.

L'art des XXe et XXIe s.

Le premier département est consacré aux artistes de l'avant-garde de l'entre-deux-guerres. Vous y verrez des toiles de Tytus Czyżewski, Zbigniew Pronaszko, Jan Cybis ; des pastels et des tableaux de Witkacy (Stanisław Ignacy Witkiewicz), et d'artistes du Groupe de Cracovie I et II : Maria Jeremianka, Józef Jarema, Jonasz Stern, Tadeusz Kantor. L'art du XXIe s. reflète les dernières tendances.

COORDONNÉES

Al. 3 maja 1 (p. 55)
☎ 012 295 55 00
Mai-oct. : mer., ven.-sam. 10h-19h, mar., jeu. 10h-15h30, dim. 10h-15h ; nov.-avr. : mar., jeu., dim. 10h-15h30, mer., ven.-sam. 10h-18h
Accès libre dim.

Teatr im. J. Słowackiego

À la fin du XIXe s., Cracovie ne possédait pas de vrai théâtre, d'opéra-comique, ni de cinéma. Le Théâtre municipal (son nom d'origine) fut construit en 1893, inspiré par les opéras de Paris et de Vienne. Pour sa décoration intérieure on ne lésina ni sur les dorures ni sur les lustres en cristal.

Les débuts du théâtre

La naissance du théâtre est liée à une véritable révolution urbanistique. Pour lui faire place, on démolit un superbe hôpital gothique datant de 1244, l'hôpital du Saint-Esprit. Dessiné par Jan Zawiejski, il fut inauguré le 21 octobre 1893. En 1909, on lui donna le nom de Juliusz Słowacki à l'occasion du centième anniversaire de la naissance du poète.

Le rideau de Siemiradzki

Un concours fut organisé pour le rideau de scène. Six artistes y participèrent, dont Wyspiański et Mehoffer. Mais finalement commande fut passée à Henryk Siemiradzki, alors très coté. Le rideau (9 × 11 m) est couvert de peintures allégoriques et mythologiques. Dans sa partie centrale, Apollon réconcilie la Beauté et la Vérité. À gauche, Éros pleure sur l'urne funéraire du cœur chéri, les Furies poursuivent le Meurtre et l'Amour criminel. À droite, Psyché s'adonne à la Musique et au Chant pour se libérer des liens des Sens.

Une scène nationale

Tadeusz Pawlikowski, le premier directeur, fit de son théâtre la scène la plus prestigieuse de Pologne. Chaque première était un événement, on venait y assister de Varsovie et de Lwów, on la commentait avec passion dans les salons. Là furent jouées des pièces de Stanisław Wyspiański (la première des *Noces* eut lieu en 1901), de Jan Kasprowicz, Stanisław Przybyszewski, Leopold Staff et Stefan Żeromski. Pendant les six ans où il fut directeur, Pawlikowski monta 84 pièces polonaises et nombre d'autres de grands auteurs de l'avant-garde occidentale, dont Ibsen, Maeterlinck, Hauptmann et Strindberg.

COORDONNÉES

Pl. św. Ducha 1 (p. 51)
☎ 012 424 45 00 / 424 45 11 / 424 45 44
Zwiedzanie Dział Promocji Teatru (visite du Département de la promotion du théâtre)
pl. św. Ducha 4
☎ 012 424 45 25
Ⓕ 012 422 40 22.

Planty

Sur l'emplacement des anciens remparts, détruits en 1806, furent aménagés en 1822 les Planty, une ceinture verte (4 km, 21 ha) enserrant le cœur historique, qui devint bientôt un lieu de promenade, de rendez-vous et de divertissements très apprécié. Des concerts et des jeux y étaient organisés. Furent érigées çà et là des statues de Polonais illustres.

Une promenade sur les Planty

Lieu de promenade préféré des Cracoviens, c'est aussi un lieu de passage, l'été parce qu'il y fait frais, l'hiver pour y contempler la neige. Près du Grand Séminaire se dresse la statue de Boy-Żeleński, qui écrivit beaucoup sur Cracovie et la Jeune-Pologne, fut le parolier du cabaret Zielony Balonik et un excellent traducteur de littérature française. Au bout de la rue Poselska, vous verrez la statue des héros de *Grażyna* d'Adam Mickiewicz. Le « quartier du péché » s'étendait jadis à l'ombre des remparts, mais il n'en reste plus trace que dans les chroniques. Ensuite viennent le couvent des Franciscains et le palais épiscopal avec la fameuse fenêtre du pape (voir p. 31).

Le crocodile et la prostituée

Un peu plus loin s'élève le Collegium Novum, édifice néogothique de l'université. L'historien Michał Różek raconte que le grand économiste Adam Krzyżanowski demanda un jour à un étudiant si un crocodile pouvait avoir des relations sexuelles avec une prostituée. L'étudiant, embarrassé, lui répondit que non, pour des raisons biologiques. « Je vous posais une question d'économiste sur les relations financières. Votre réponse aurait dû être que c'est impossible parce que le crocodile ne peut pas la payer ! » En face du Collegium Novum, sous un saule, une statue de Nicolas Copernic exécutée par Cyprian Godebski. Vous passerez ensuite devant l'église Sainte-Anne, le Bunkier Sztuki, le palais de l'Art. Après la rue św. Tomasza, ce sera l'église Saint-Casimir et le couvent des Franciscains de l'observance.

Femmes tsiganes et...

Poursuivant votre promenade, vous passerez devant la statue de Lilla Weneda, héroïne de J. Słowacki, puis, après la rue Sławkowska, devant celle de Bohdan Zalewski, auteur de chansons ukrainiennes. À proximité de la porte Saint-Florian et de la Barbacane, dans la journée, une Tsigane voudra peut-être vous dire la bonne aventure d'un ton chantant. Le soir, des dames exercent là le plus vieux métier du monde... Plus loin, vous longerez l'unique fragment des remparts conservés et le théâtre Słowacki, les Archives nationales (à l'angle des rues Sienna et św. Krzyża), le couvent des Dominicains puis après la rue Dominikańska, le couvent des Bernardins. Le tunnel vert des Planty prendra brusquement fin pour vous dévoiler la vue sur le Wawel.

COORDONNÉES

Colline du Wawel (p. 52).

Kopalnia soli w Wielicze

Il faudrait y passer plus de 200 heures pour parcourir les 300 km de galeries souterraines de la mine et découvrir les 3 000 salles salines sur ses neuf niveaux (jusqu'à 327 m de profondeur). Cette mine de sel, inscrite sur la liste du Patrimoine culturel de l'Unesco en 1978, est exploitée depuis le XIIIe s. Un restaurant propose des spécialités polonaises à 125 m sous terre.

L'or blanc

Le sel, cet « or blanc », remplaçait jadis la monnaie métallique. On en utilisait de grosses quantités pour la conservation des viandes, du beurre, des poissons ; le tannage des peaux et la production de poudre à canon. Dans la meilleure période (XIVe-XVIe s.), les salines de Wieliczka rapportaient au royaume un tiers de ses revenus. Leurs bénéfices permirent au XIVe s. le financement de l'académie de Cracovie et, au XVe s., la restauration et l'agrandissement du Wawel. La mine de sel de Wieliczka est la plus vieille à être exploitée depuis le Moyen Âge. Son site attire touristes et… curistes. Le président Lech Wałęsa l'a classé Monument historique en 1994.

Touristes et curistes

La visite touristique classique (3,5 km à une profondeur de 64 à 135 m) prend environ 3 h. Sur le parcours, vous verrez vingt salles historiques, des lacs salins, des chapelles, dont la chapelle Saint-Antoine (plus de 300 ans). Pour une cure, il vous faudra y passer beaucoup plus de temps. En 1839 fut créé un établissement de balnéothérapie soignant les rhumes, la stérilité, l'hystérie et la neurasthénie. Le centre de cure installé sous terre soigne l'asthme bronchique, les allergies aux pollens, les maladies de la gorge et du larynx, et même l'obésité. Le microclimat est salutaire : grande humidité de l'air (74-90 %), une température basse (10 à 17 °C), une haute pression, pas de pollution, de champignons, ou de microbes.

La « vraie » Wieliczka

Si vous êtes un touriste sportif, vous aurez peut-être envie de visiter les grottes de cristal, voir des stalactites et ressentir un frisson d'émotion dans la tenue complète du mineur. La visite « géologique », c'est 6 km à parcourir à 135 m sous terre, dans ce gisement de sel gemme formé il y a quinze millions d'années et découvert au XIXe s. Près d'un millier de personnes visite la « vraie » Wieliczka chaque année.

Depuis le Néolithique

Dès 3500 avant notre ère, la population établie sur le site obtenait du sel par évaporation de la saumure naturelle à la surface. Les gisements de sel gemme furent découverts à la fin du XIIIe s., lors du forage de puits. La petite colonie de Wieliczka obtint sa charte de fondation dès 1290. Dans un document de l'époque figure le nom de *Magnum Sal* (Grand Sel). L'emblème de Wieliczka comporte un marteau et deux pics de mineur.

La « perle » du sel

À 101 m de profondeur, la plus grande chapelle en sel du monde (54 m de long, 17 m de large, 12 m de haut), consacrée en 1896 et dédiée à sainte Kinga (Cunégonde), patronne des mineurs « blancs », peut accueillir 500 fidèles. Y reposent des reliques de la sainte. On y descend par 66 marches taillées dans le sel. Cinq lustres impressionnants sont tressés de milliers de cristaux de sel. La décoration est l'œuvre de plusieurs générations de mineurs passionnés. Perpétuant la tradition, l'artiste Stanisław Anioł a créé l'unique statue souterraine en sel de Jean-Paul II et une croix aussi en sel, elle haute de 3 m et pesant 250 kilos, inspirée par la crosse du pape.

Cinéastes et présidents

La mine compte parmi ses hôtes de marque Nicolas Copernic, le tsar Alexandre Ier, l'empereur François-Joseph, Frédéric Chopin, Ignacy Paderewski, Henryk Sienkiewicz, Józef Piłsudski, le cardinal Karol Wojtyła, le président George Bush. Les premiers visiteurs descendirent sous terre à la fin du XVIe s., sur autorisation du roi. Aujourd'hui, la mine accueille bon an mal an plus d'un million de touristes venus du monde entier. Les cinéastes apprécient également ce lieu. Andrzej Żuławski y a tourné plusieurs scènes de *Sur le globe d'argent* ; Juliusz Machulski, des scènes de *Seksmisja*, et Łukasz Barczyk son adaptation télévisée de *Hamlet*.

COORDONNÉES

Kopalnia Soli « Wieliczka » (mine de sel « Wieliczka »)
Trasa Turystyczna (visites touristiques)
Ul. Daniłowicza 10
(p. 69)
☎ 012 278 73 02 ou 012 278 73 66 ou 012 278 73 33
www.kopalnia.pl
Avr.-oct. 7h30-19h30, nov.-mars 8h-17h.

Séjourner mode d'emploi

Hôtels

On trouve à Cracovie plusieurs chaînes hôtelières : Sheraton, Radisson SAS, Holiday Inn, Novotel et quelques hôtels de luxe 4 ou 5 étoiles dans le centre. Les hôtels 3 étoiles et les pensions de famille fleurissent. Mais vous préférerez peut-être louer un appartement. Tous disposent d'une salle de bains et d'une cuisine ou d'un coin cuisine. Ils se louent même à la journée. En général bien situés, leurs prix sont séduisants (environ 50 zł par personne). Un nouveau complexe hôtelier, Mały Kraków, dispose de 32 appartements modernes bien équipés en plein cœur de Cracovie (petit déjeuner sur demande).

Réserver un hôtel

Les pensions de famille, les chambres d'hôtes et les petits hôtels poussent comme des champignons. Mais vous économiserez du temps et du stress en réservant avant votre arrivée. Vous bénéficierez souvent d'une réduction de 10 à 30 % en réservant sur Internet. Les pensions de famille, surtout dans le centre, ont peu de chambres. Faites vos réservations longtemps à l'avance pour les longs week-ends de mai. En novembre ou février, il vous sera plus facile de vous loger.

Les prix

En saison, la chambre double oscille entre 600 et 800 zł dans un hôtel 5 étoiles, et entre 400 et 600 zł dans un 4 étoiles (tarifs promotionnels les week-ends et hors saison). Les rabais peuvent aller jusqu'à 40 %. Pour un hôtel 3 étoiles, vous paierez entre 250 et 350 zł la nuitée, et pour un 2 étoiles 220 zł. Dans une bonne pension de famille, la dépense sera de 180 à 250 zł pour une chambre double. Les hôtels pour étudiants ou les chambres d'hôtes de diverses institutions sont les moins chers (50 zł la chambre double).

Restaurants

Les pubs, les bars, les *jadłodajnie* bon marché et, bien sûr, les salons de café sont un des grands attraits de Cracovie. Le plus difficile à assurer sera le petit déjeuner, les cafés n'ouvrant en général qu'à 10h. Mais à Kazimierz ou sur le Rynek vous pourrez trouver un lieu ouvert dès 8 ou 9h. Le petit déjeuner traditionnel polonais

SE REPÉRER

Nous avons indiqué à la suite de chacune des adresses des chapitres Séjourner, Shopping et Sortir leur localisation sur le plan placé à la fin du guide.

TROUVER UN HÉBERGEMENT SUR INTERNET

www.noce.pl :
réservation d'appartements toute l'année
www.hotelewkrakowie.pl :
informations sur les possibilités de réserver des lits
www.krakow.hotele.pl : réservation d'hôtels
www.malykrakow.pl :
réservation d'appartements dans le centre.

se compose de fromage blanc ou « jaune » (à pâte dure), de pain, de confiture, parfois d'œufs. De 10h à 23h, vous n'aurez pas de problème pour vous sustenter. Après 23h, vous compterez plutôt sur les bars, ouverts jusqu'à 2 ou 3h du matin, ou irez goûter les fameuses saucisses de Grzegórzki (t. l. j. sauf dim. de 21h à 2-3h du matin). N'oubliez pas que les *jadłodajnie* (U Pani Stasi rue Mikołajska ; Pod 13 et Od Zmierzchu do Świtu à Kazimierz) ne sont ouvertes que pour le déjeuner, en général de 12h à 18h. Le week-end, pensez à réserver une table, en particulier dans les restaurants réputés. Le pourboire, non compris, est de 5 à 10 % de l'addition. Le couvert et les amuse-gueules servis spontanément (cacahuètes, pain et saindoux) sont gratuits. Dans les pubs et les cafés, surtout à Kazimierz, il faut souvent aller commander ses consommations au bar.

À quel prix ?

Le petit déjeuner vous coûtera entre 10 et 18 zł, le déjeuner entre 15 et 20 zł. Dans un restaurant de moyenne catégorie, compter, pour deux, entre 35 et 50 zł le repas avec une bière. Bien sûr, vous pourrez vous contenter d'une assiette de *pierogi* (5-8 zł), et d'une boisson (2-4 zł). S'il y a des plats à partir de 38 zł dans les restaurants plus prestigieux, l'addition pour deux s'élève de 150 à 200 zł (avec un verre de vin).

Où manger ?

Dans les bars à *pierogi*, dernièrement très branchés, rapides, bons et pas chers, on sert des *pierogi* traditionnels, à la viande ou au chou et aux champignons, à l'agneau, au thym et au romarin, à la tomate, au fromage et au basilic ou encore au roquefort.
Les *jadłodajnie*, sortes de cantines, sont sans chichis. Vous y goûterez de la cuisine familiale, comme du bœuf au raifort, des escalopes, des galettes à la hongroise, des crêpes, du chou farci, ou des *pierogi*.
Les bars végétariens peuvent être de véritables oasis comme MOMO, rue Dietla ; les restaurants Vega, rue Krupnicza et rue św. Gertrudy ; et GreenWay, rue Mikołajska.
Les restaurants sont agréables, plus ou moins chic.
Les auberges et les tavernes vous feront découvrir la cuisine polonaise à des prix raisonnables. Dans les pubs, on boit de la bière et on ne trouve pas toujours à manger.
Dans les salons de café, à part du café, du thé et des gâteaux, on peut commander des plats légers, des salades et des amuse-gueules. Les pâtisseries-salons de thé vendent des gâteaux à emporter ou à consommer sur place. On les compte aujourd'hui sur les doigts de la main.

Hôtels

1 – *Amadeus*
2 – *Grand Hôtel*
3 – *Copernicus*
4 – *Francuski*

Cœur historique

Amadeus★★★★

Ul. Mikołajska 20 (G6)
☎ 012 429 60 70
Ⓕ 012 429 60 62
À partir de 624 zł.

Situé au cœur de la ville, à 2 minutes à pied du Rynek, à 12 de Kazimierz, il possède 20 chambres et 2 suites luxueusement meublées. Un sauna et un club de fitness pour se mettre en forme. Après l'effort, on peut aller se rafraîchir au bar ou au café du rez-de-chaussée, ou goûter à la cuisine européenne du restaurant installé dans les caves.

Copernicus★★★★★

Ul. Kanonicza 16 (F6)
☎ 012 424 34 00/01/02
Ⓕ 012 424 34 05
À partir de 850 zł.

Cet hôtel de charme installé dans une vieille demeure gothique est en plein centre, au pied du Wawel, dans la plus ancienne rue de la ville. C'est sans doute le plus beau, avec ses portes et ses polychromies séculaires associées à une architecture intérieure moderne. Une verrière crée dans la cour un espace intime. On aime le salon de lecture et sa cheminée. Il y a un piano-bar et, dans les caves, un sauna et une piscine. De la terrasse panoramique (bar ouvert l'été), on a une vue magnifique sur le Wawel, les dômes et les tours des églises. Chacune des 29 chambres luxueuses a une forme et un décor différents. Le restaurant est réputé mais cher.

Dom Gościnny UJ★★

(Maison d'hôtes de l'université Jagellon)
Ul. Floriańska 49 (G5)
☎ 012 429 17 89
F 012 421 12 25
À partir de 320 zł.

Des chambres spacieuses et agréables à deux pas du Rynek. La rue Floriańska est très animée et toujours noire de monde, mais, les chambres donnant sur la cour, les nuits sont calmes.

Elektor★★★★

(l'Électeur)
Ul. Szpitalna 28 (G5-6)
☎ 012 423 23 17
F 012 423 23 27
À partir de 824 zł.

Hôtel chic dans une rue calme du centre. Dans les 12 suites et les 3 chambres simples de cette demeure classée Monument historique sont descendues des célébrités, dont la princesse de Thaïlande et le roi de Norvège. Service de très grande qualité. Cuisine locale et européenne au restaurant.

Francuski★★★★

(Français)
Ul. Pijarska 13 (F5/G5)
☎ 012 422 51 22
F 012 422 52 70
À partir de 593 zł.

Voisin du musée Czartoryski et de la porte Saint-Florian, il a conservé un charme qui lui vaut une clientèle inconditionnelle. Il fut fondé en 1910 pour concurrencer le Grand Hôtel. Le portier parlait huit langues, l'automobile de l'hôtel conduisait les hôtes à la gare. Un tube pneumatique reliait les étages à la réception pour une expédition immédiate du courrier. 42 chambres, dont 4 simples, 23 doubles et 15 suites. Cuisine polonaise et française au restaurant.

Grand Hôtel★★★★

Ul. Sławkowska 5/7 (F5/G5)
☎ 012 421 72 55
F 012 421 83 60
À partir de 840 zł.

Dans le salon de son palais, la princesse Marcelina Czartoryska, grande philanthrope et élève de Frédéric Chopin, accueillit les plus éminents musiciens et écrivains. Elle vendit son bien à Eustachy Chronowski qui l'agrandit des deux maisons voisines pour ouvrir un hôtel de grande classe en 1886. C'est aujourd'hui un des hôtels les plus chic de la ville.

Jordan★

Ul. Długa 9 (G5)
☎ 012 430 02 92
F 012 422 82 26
À partir de 210 zł.

Dans le cœur historique, à six minutes du Rynek, un quart d'heure de Kazimierz, les chambres d'hôtes de cette maison du XIXe s. sont une solution économique. Mobilier fonctionnel. Accès à Internet. Location de vélos.

Hôtel Pollera★★★★

Ul. Szpitalna 30 (G5-6)
☎ 012 422 10 44
F 012 422 13 89
À partir de 390 zł.

Fondé en 1834 par Kasper Poller, c'était un hôtel très élégant dans l'entre-deux-guerres. Ses ornements Sécession, comme le vitrail de la cage d'escalier dessiné par Stanisław Wyspiański, contribuent à son charme XIXe s. Chambres simples, doubles ou triples, et des suites luxueuses.

Pod Róza★★★★

(À la rose)
Ul. Floriańska 14 (G5)
☎ 012 424 33 00
F 012 424 33 51
À partir de 650 zł.

Le plus vieil hôtel de Cracovie sur l'ancienne voie royale. Élégant, accueillant, il se situe dans une demeure historique appelée autrefois *Szlachecki* (Noble), proche de l'église Notre-Dame et de la porte Saint-Florian. Aux murs, des fresques authentiques et des tableaux. Vous choisirez une chambre aux meubles Biedermeier ou au décor moderne. Une bonne cave et un bon restaurant, Amarone, dont le chef est Alfredo Chiocchietti.

Trecius★★★

Ul. św. Tomasza 18 (G5-6)
☎ 012 421 25 21
Ⓕ 012 426 87 30
À partir de 170 zł.

Une charmante pension de famille au cœur de la ville, à l'angle des rues Floriańska et św. Tomasza. Demandez la chambre gothique, avec ses colonnes de pierre de style gothique tardif et baroque, et des ornements d'époque en brique. Accueil en plusieurs langues, dont le japonais. Un conseil : réservez longtemps à l'avance ! Son cadre, ses propriétaires sympathiques et ses prix très raisonnables font que l'endroit est toujours plein.

Wit Stwosz★★★

Ul. Mikołajska 28 (G6)
☎ 012 429 60 26/ 42
Ⓕ 012 429 61 39
À partir de 336 zł.

Dans un décor du XVIe s., au cœur du Vieux-Cracovie, à deux minutes du Rynek, cet hôtel dispose de chambres simples, doubles ou triples, et d'une suite. La chambre familiale a un lit d'enfant. Le restaurant, installé dans les caves, propose de la gastronomie polonaise traditionnelle.

Wentzl★★★

Rynek Główny 19 (F5-6)
☎ 012 430 26 64
Ⓕ 012 430 26 65
À partir de 504 zł.

Vue sur l'église Notre-Dame, la halle aux draps et le marché aux fleurs. Les 12 chambres joliment meublées et bien équipées de la demeure Cellary, dite « Pod Obrazem » (Au tableau), du XVe s., sont très agréables. Il faut réserver longtemps à l'avance. Sa cuisine raffinée, sa carte des vins et ses cigares font de Wentzl un lieu couru. Le restaurant est décoré de tableaux appartenant à la collection de Wojciech Fibak.

Le centre au-delà des Planty

Alef★★★

Ul. św. Agnieszki 5 (C3)
☎ 012 424 31 31
Ⓕ 012 424 31 32
À partir de 235 zł.

Dans cet hôtel 3 étoiles, 35 chambres simples et doubles et une suite élégante. Chaque chambre est équipée du téléphone, d'un téléviseur et d'une salle de bains moderne. Des étages supérieurs, belle vue sur le Wawel. Alef possède aussi des appartements d'hôtes et un restaurant au n° 17, rue Szeroka.

Hotel Pugetów★★★

Ul. Starowiślna 13 et 15 (G6)
☎ 012 432 49 50
Ⓕ 012 429 61 13
À partir de 480 zł.

Dans un bâtiment spacieux édifié en 1875 dans un style éclectique, 7 chambres conçues pour le repos ou le travail. Chacune a sa personnalité. Pour les romantiques, la chambre « Madame Walewska ». Si vous aimez le style colonial, la chambre « Joseph Conrad ». Le Rynek est à 5 min à pied, Kazimierz à 7 min.

Radisson SAS★★★★★

Ul. Straszewskiego 17 (F6)
☎ 012 618 88 88
Ⓕ 012 618 88 89
À partir de 560 zł.

Cet immeuble moderne, sur les Planty, proche du Rynek et du Wawel, fait face à la Philharmonie. 196 chambres (dont des Business Class et d'autres pour handicapés), meublées dans le style citadin ou océanique.

Sheraton★★★★★

Ul. Powiśle 7 (C3)
☎ 012 662 10 00
Ⓕ 012 662 11 00
À partir de 568 zł.

Situé au bord de la Vistule, cet hôtel est l'un des derniers-nés, à 5 minutes à pied de la Grand-Place et à 10 de Kazimierz. Chambres élégantes et fonctionnelles. Le restaurant Olive propose

1 – Hotel FM Pod Kopcem
2 – Hotel Pugetów
3 – Radisson SAS
4 – El-Jot

de la cuisine méditerranéenne. Mais aussi un pub (Some Place Else), un club de fitness bien équipé et une piscine.

Kazimierz

El-Jot★★★

Ul. Miodowa 15 (C3)
☎ / Ⓕ 012 421 33 26
À partir de 279 zł.

Des chambres confortables, calmes et agréablement meublées dans une maison XIXe s. Des prix raisonnables, surtout si vous réservez sur Internet. Les lieux abritent aussi une scène de théâtre et une galerie d'art.

Fajny apartament★

(Un appartement sympa)
Ul. Krakowska 48 (C3)
☎ 660 439 980
Ⓕ 012 432 06 60
À partir de 140 zł.

Quelle différence avec les hôtels standard ! Cet appartement situé à 5 minutes du Wawel, autant de Skałka et à 3 du centre de Kazimierz, compte 3 chambres aux noms évocateurs : « Chez ma tante de Cracovie », « Orient-Express » et « Week-end romantique ».

Klezmer Hois★★★

Ul. Szeroka 6 (D3)
☎ / Ⓕ 012 411 12 45
ou 411 16 22
À partir de 235 zł.

Hôtel de charme dans une ancienne *mikva*, établissement de bains rituels, à 70 m de la synagogue Remu'h. Meubles anciens, napperons au crochet. Chaque soir, un concert de musique juive traditionnelle. Vous y rencontrerez des artistes du monde entier, surtout pendant le Festival international de culture juive. Restaurant de cuisine juive.

Dans les environs proches

Hôtel FM Pod Kopcem★★★

(la FM au pied du tertre)
Al. Waszyngtona 1 (A3)
Ligne n° 100
☎ 012 427 03 55
Ⓕ 012 427 01 01
À partir de 290 zł.

Au pied du tertre de Kościuszko, c'est un lieu idéal si vous appréciez le silence et la nature. Le bois Wolski, le couvent des Camaldules et le zoo sont tout près. Les amateurs d'équitation iront au haras de Przegorzały (5 min). Les numéros des chambres correspondent aux fréquences sur lesquelles émet la radio, et leurs noms à ceux des villes où son programme est diffusé.

Restaurants

1 – Copernicus
2 – Pod Aniołami
3 – Wierzynek
4 – Szara

Autour du Rynek

Copernicus★★★

Ul. Kanonicza 16 (F6)
☎ 012 424 34 21
T. l. j. de 12h jusqu'au dernier client.

C'est le nec plus ultra de Cracovie. Cuisine raffinée et chère (env. 100 zł le repas). Le cadre, superbe avec ses fresques et son beau plafond Renaissance, contribue à vous détendre. L'été, sur la terrasse, on savoure à la fois un drink et la vue sur le Wawel.

Wierzynek★★

Rynek Główny 15 (F5-6)
☎ 012 424 96 00
T. l. j. de 13h jusqu'au dernier client.

Cette demeure patricienne est réputée pour ses caves, sa décoration et la vue magnifique sur le Rynek qu'on a de ses trois étages, et aussi pour ses hôtes de marque. En 1363, Mikołaj Wierzynek, marchand et régisseur du roi, offrit un festin grandiose aux hôtes royaux de Casimir le Grand : Charles IV, roi de Germanie ; Louis Ier le Grand, roi de Hongrie ; Valdemar IV Atterdaf, roi du Danemark ; Pierre de Lusignan, roi de Chypre, de Jérusalem et d'Arménie. Selon la légende, il offrit aux convives la vaisselle en or dans laquelle ils avaient mangé. En des temps plus rapprochés, la souveraine d'Iran, l'empereur d'Éthiopie, la reine de Hollande et George Bush apprécièrent sa cuisine. Paupiettes chasseur au sarrasin et à la betterave, foies d'oie sautés à la poire (50 zł), carpe à la juive (27 zł), borchtch aux ravioles (8 zł), soupe d'écrevisses (28 zł). Au déjeuner, menu gourmet avec un verre d'hydromel : 99 zł.

Wentzl★★

Rynek Główny 19 (F5-6)
☎ 012 429 57 12
T. l. j. 13h-23h.

Une excellente table depuis près de deux cents ans. Cuisine raffinée : magret de canard mariné dans de la *żubrowka*, côtes d'agneau. Spécialité du chef : cuissot de sanglier aux lactaires et d'excellents desserts, à savourer aussi au cocktail-bar Słodki Wentzl.

Pod Aniołami★★★

(Aux Anges)
Ul. Grodzka 35 (F6)
☎ 012 421 39 99
T. l. j. 13h-minuit.

Toutes les saveurs de la cuisine polonaise : gruau de sarrasin, porc grillé, pâté de lièvre aux airelles, canard aux pommes, cornichons marinés et chou rouge, excellent pain noir, pommes au caramel. Très bons vins et hydromels. Décor des caves simple et reposant. Musique douce. Déjeuner entre 38 et 50 zł.

Cherubino★★★

Ul. św. Tomasza 15 (F5-6)
☎ 012 429 40 07
12h-minuit (dim. 23h30).

Son plancher amortissait autrefois le bruit des voitures. Accrochés aux murs, des traîneaux et une barque de pêcheur. On peut y manger installé dans un carrosse. Beaucoup de charme et une bonne carte inspirée par la cuisine italienne : pâtes, salades et plats de viande tous très bons. Énorme gril. Bon choix de vins. Plats à partir de 25 zł. Déjeuner : env. 40 zł avec un verre de vin.

Cyrano de Bergerac★★★

Ul. Sławkowska 26 (F5/G5)
☎ 012 411 72 88
ou 012 429 54 20
Lun.-sam. 12h-minuit.

Élégant, raffiné, intime. La cave est joliment aménagée. Excellente cuisine française, très belle carte des vins. Vous y goûterez noix de chevreuil, foie gras de canard, côtes d'agneau au romarin. Comptez env. 120 zł le repas.

Szara★

Rynek Główny 6 (F5-6)
☎ 012 421 66 69
T. l. j. 11h-23h.

Dans la Szara Kamienica (Maison grise – p. 41), demeure du XIIIe s. décorée d'un attique, vécut, dit-on, Sara, la maîtresse du roi Casimir le Grand. C'est l'ancienne résidence des familles de magnats Zborowski et Zebrzydowski. À essayer pour sa belle voûte gothique avec une polychromie de Mehoffer... et sa bonne cuisine européenne (nombreux plats de poisson – env. 50 zł –, excellente bouillabaisse). À l'heure du déjeuner, menu à 20 zł.

Szabla i szklanka★★★

(L'Épée et le verre)
Ul. Poselska 20-22 (F6/G6)
☎ 012 421 66 69
T. l. j. 12h-minuit (service jusqu'à 23h).

Cuisines hongroise et polonaise de haut niveau. Côté hongrois : foies d'oie sautés aux poires et au tokay ; *bogrács gulyás* traditionnel ; excellents vins. Côté polonais (du feu dans la cheminée en hiver), on goûtera de l'esturgeon mariné accompagné de pétales de betterave et de caviar. La spécialité du chef est le lapin sauce raifort accompagné de *kopytki*, sortes de gnocchis aux pommes de terre.

Guliwer★★★

Ul. Bracka 6 (F6)
☎ 012 430 24 66
T. l. j. de 11h jusqu'au dernier client.

Accueillant pour les gourmets, fréquenté par les critiques littéraires et les universitaires. Si vous n'êtes pas un prix Nobel, n'imaginez pas y trouver une table le week-end sans avoir réservé. Excellents plats de style provençal. Le jeudi, soupe aux moules safranées. Délicieuse tarte au citron. Plats chauds à partir de 13 zł. Entre 30 et 50 zł le repas, avec un verre de vin.

Paese★★

Ul. Poselska 24 (F6/G6)
☎ 012 421 62 73
T. l. j. 11h-23h.

Deux salles agréables dans le style rustique des tavernes. Cuisine corse et méditerranéenne. Goûtez le filet de bœuf au poivre vert (35 zł) et les délicieux desserts (commandez-les à l'avance ; temps d'attente pour la tarte Tatin : 45 min !). Le lieu est très couru. Le soir, réservation indispensable.

Pod Gruszką★★

(À la poire)
Ul. Szczepańska 1 (F5)
☎ 012 421 98 66
T. l. j. 12h-22h.

Selon la légende, en 1386, la reine Jadwiga y cacha le prince Guillaume de Habsbourg. Quatre siècles plus tard, la reine Marysieńka y recevait le roi Jean III Sobieski. La salle Fontana porte le nom de l'architecte italien qui réalisa les stucs ornant ses voûtes gothiques. La maison a longtemps appartenu à de riches familles bourgeoises. Le premier étage abritait l'un des plus anciens salons de café, *U Sauera*. En 1927 y fut fondé le fameux salon de café *Ziemiańska*. Du restaurant du club des journalistes, au premier étage, belle vue sur la halle aux draps et le Rynek. Déjeuner entre 20 et 30 zł. Pour digérer, vous pouvez aller boire une vieille eau-de-vie locale au bar.

Nostalgia★★

Ul. Karmelicka 10 (F5)
☎ 012 425 42 60
T. l. j. 12h-23h.

Bon marché et sympa. Cuisine polonaise (lactaires, bolets, porc, *pierogi*) et européenne (grand choix de pâtes et de viandes). L'été, la cour est agréable. Par temps frais, on peut se mettre au chaud au coin du feu. On y déjeune pour 15-25 zł.

C. K. Dezerter★★

Ul. Bracka 6 (F6)
☎ 012 422 97 31
Lun.-jeu., sam. 9h-23h, ven. 9h-minuit, dim. 10h-23h.

Un cadre chaleureux décoré de photos et de bibelots évoquant la monarchie austro-hongroise. La carte comporte essentiellement des plats galiciens : goulasch hongrois, quenelles tchèques, bouillon au vermicelle, soupe de poisson épicée, spécialités autrichiennes. Env. 30 zł le déjeuner.

Dans le centre au-delà des Planty

Chłopskie Jadło★★★

(Le bien-manger paysan)
Ul. św. Agnieszki (C3)
☎ 012 421 85 20
T. l. j. de 12h jusqu'au dernier client (service jusqu'à 23h).

Le décor campagnard vaut le détour. En amuse-gueules, du pain, du saindoux aux pommes et à l'oignon, du fromage blanc aux fines herbes. Vous goûterez les *pierogi*, les côtes de porc à la paysanne. Une excellente solution pour goûter toutes les spécialités locales : la *niecka chłopska*, un assortiment servi dans un long plat creux en bois.

Kazimierz

Klezmer Hois★★★

Ul. Szeroka 6 (D3)
☎ 012 411 12 45 / 411 16 22
T. l. j. jusqu'au dernier client (service jusqu'à 21h30).

Ici le temps s'est arrêté depuis longtemps. De beaux meubles anciens, un intérieur accueillant, des spécialités culinaires juives. Le soir, musiques juive, ukrainienne et tsigane. Aux beaux jours, on peut déjeuner ou dîner dehors, sur l'herbe, comme dans le verger de grand-mère. Déjeuner autour de 35 zł.

Alef★★

Ul. Szeroka 17 (D3)
☎ 012 421 38 70
T. l. j. 10h-minuit.

1 – Alef
2 – Chłopskie jadło
3 – Klezmer Hois
4 – Brasserie

Un salon d'antan. Les tables, recouvertes de nappes au crochet, sont toutes différentes. Des bougies, de jolis verres. Deux chats se promènent parfois entre les tables (animaux bienvenus). Le soir, concerts de musique juive. Au printemps et en été, la terrasse est très appréciée. À la carte, des plats juifs. Autour de 35-40 zł le déjeuner. Curiosité : le restaurant a « joué » le rôle de la pharmacie dans *La Liste de Schindler*, de Steven Spielberg.

Edo Sushi★★

Ul. Bożego Ciała 3 (C3)
☎ 012 613 16 607
T. l. j. 12h-minuit.

Le décor est paisible, ascétique. Derrière, deux salles plus intimes séparées l'une de l'autre par une cloison en bambou. On appelle le garçon avec une clochette. L'ambiance japonaise est parfaite, les convives sont assis sur des nattes autour d'une table basse. La première salle, plus grande, où se trouve le bar, est réservée à ceux qui préfèrent les tables standard. 29 zł l'assortiment de 10 sushis. Le menu à 39 zł (16 pièces) suffit pour deux. On peut choisir entre *nigiri, gunkan maki, hosomaki, uramaki*… Les amateurs de sushis sauront de quoi on parle !

Brasserie★

Ul. Gazowa 4 (D3)
☎ 012 292 19 98
T. l. j. 11h-minuit.

Une bouffée de France dans un ancien garage de tramways. De bonnes moules, du coq au vin et de délicieuses salades. Calme et tranquille. L'été, on peut manger en terrasse, derrière le restaurant. Comptez autour de 30 zł, (12 zł si vous vous contentez d'une salade.)

MAIS AUSSI

Pendant vos promenades en ville, vous tomberez sur d'autres restaurants sympathiques : **Wiśniowy Sad,** à l'âme slave, p. 44 ; **Jarema,** où sont servis d'excellents plats de gibier, p. 59 ; **Dawno temu na Kazimierzu,** dans le style fin XIXe-début du XXe s., p. 61 ; **Café Młynek,** à l'ambiance délassante, p. 62.

Sur le pouce

1 – Chimera
2 – Bar 13
3 – Eszeweria
4 – Cieplarnia

Cœur historique

Bar 13

Rynek Główny 13 (F5-6)
☎ 012 617 02 20
Lun.-sam. 9h-21h,
dim. 11h-17h.

Une épicerie fine et un bar chic côte à côte dans des caves historiques. On peut y boire un verre de bon vin et manger un repas léger. Du printemps à l'automne, les tables installées dehors au coin du Rynek sont un bon poste d'observation.

Cieplarnia

(La serre)
Ul. Bracka 15 (F6)
☎ 012 429 28 98
Lun.-ven. 10h-minuit,
sam.-dim. de 10h jusqu'au dernier client.

Les cafés et restaurants de la rue Bracka sont tous sans prétention et pleins de charme. Celui-ci, dissimulé au fond d'une vieille demeure (un long couloir puis une cour à traverser), propose de bons plats. Ses fondues au fromage, parfaites par grand froid, trahissent une inspiration suisse. Le soir, des concerts de jazz.

Chimera

Ul. św. Anny 13 (F5-6)
☎ 012 423 21 78
T. l. j. 9h-23h.

Lieu très fréquenté par les étudiants. L'été, dans la cour, une terrasse agréable. L'hiver, on se réfugie dans la profondeur de ses caves. Grand choix de salades (12 zł la grande assiette, 8 zł la petite), plats de viande et végétariens.

Nowa Prowincja

(Nouvelle Province)
Ul. Bracka 3 (F6)
☎ 0 501 391 800
T. l. j. 8h-minuit.

Dans la journée, on y déguste du bon café, un délicieux chocolat, des pâtisseries maison (tarte au citron). On peut y faire un repas léger à partir de midi. Au choix, le menu « Nowa Prowincja » (houmous, purée d'aubergine, légumes), et des pâtes (les tagliatelles au mascarpone et aux tomates cerises sont un délice !). Certains soirs, dans la salle voisine, des soirées poétiques et artistiques. Un endroit super. L'été, il y a des tables dehors.

Autour de la colline du Wawel

Café Manggha

Centrum Sztuki i Techniki Japońskiej
Ul. Konopnickiej 26 (C3-4)
☎ 012 267 27 03 poste 210
Mar.-dim. 10h-20h/21h.

Il suffit de traverser le pont près du Wawel pour découvrir ce « petit Japon » et une vue superbe sur la colline du château. Dans un décor ascétique mais harmonieux (dessiné par Arata Isozaka), à l'ambiance zen, on peut boire du thé et de la bière japonais et manger de bons sushis et de la tarte aux cerises.

Kazimierz

Transylwania

Ul. Szeroka 9 (D3)
☎ 012 431 14 09
De 9h jusqu'au dernier client (vers 2h, les week-ends jusqu'à l'aube).

Des tresses d'ail, des bougies, un vampire sur des affiches rappellent que nous pénétrons sur les terres du comte Dracula. Du printemps à l'automne, il est agréable de s'asseoir en terrasse, mais il serait dommage de ne pas aller à l'étage. La salle, extra, évoque à la fois un salon cracovien (stucs, canapés des années 1970) et une salle de bal (miroirs). Bon point de vue sur la rue Szeroka. Quelques hors-d'œuvre chauds, un gâteau fait maison selon une recette familiale. La galerie expose ses amis artistes.

Eszeweria (Echeverria)

Ul. Józefa 9 (D3)
☎ 012 292 04 58
T. l. j. 10h-minuit.

Un endroit merveilleux, surtout à cause de son jardinet, le plus joli de Kazimierz. Des fleurs, un bout de pelouse, des herbes folles, de la lessive qui sèche, des chats et les clochetons de l'église du Saint-Sacrement… Le vrai Kazimierz d'autrefois. Thé, café, vin, bière ou alcool. Sandwichs et *pierogi* pour calmer les petites faims.

Kolanko numer 6

Ul. Józefa 6 (D3)
☎ 012 292 03 20
De 12h au dernier client.

Loin du bruit et de la foule de la place Nowy, la terrasse à l'arrière du café est ouverte dès le printemps. À la carte, des soupes délicieuses et pas chères. Et de bonnes crêpes, chinoises, mexicaines, aux épinards et à la feta, au poulet au curry, au foie, à la pomme et à l'oignon, ou encore sucrées à la vanille ou au flan, au chocolat ou aux fruits. Et, bien entendu, bière, café ou thé.

Bar Pod 13

Ul. Miodowa 13 (C3/D3)
Lun.-ven. 11h-18h.

Un endroit idéal pour déjeuner sur le pouce, très fréquenté toute l'année, apprécié des gens qui travaillent dans le quartier. Cuisine familiale et spécialités polonaises : escalopes, côtes de porc, soupes, crêpes, *pierogi* et galettes à la hongroise.

Pierożki U Vincenta

(Petits Pierogi chez Vincent)
Ul. Józefa 11 (D3)
☎ 012 430 68 34
T. l. j. 11h-21h (parfois 22h).

Tous plus délicieux les uns que les autres, ces *pierogi*. Traditionnels, au chou et aux champignons, ou à la viande ; exotiques, à l'ananas et au poulet ; siciliens, au fromage, aux tomates et basilic ; des *pelmeny* russes ; à l'impératrice, à l'agneau, au romarin et au thym. Trente sortes en tout ! Et depuis peu des *kreplachy* (raviolis à la juive). Tous peuvent être faits à la farine de son. L'endroit est très branché.

Salons de thé et de café

1 – Kawiarnia Noworolski
2 – Zakątek
3 – Warsztat Café
4 – Café Camelot

Autour du Rynek

Bambus

(le Bambou)
Rynek Główny 27 (F5-6)
☎ 012 421 97 25
T. l. j. 8h-minuit (2h du matin le week-end).

Au coin du Rynek et de la rue św. Anny. L'été, il est agréable d'observer de ses confortables fauteuils en bambou l'animation de la place. Parfait pour boire un verre avant ou après une séance de cinéma dans le palais Aux Béliers où se trouve la fameuse Piwnica Pod Baranami.

Kawiarnia Noworolski

(salon de café Noworolski)
Rynek Główny 1/3 (F6)
☎ 012 422 47 71
T. l. j. de 9h jusqu'au dernier client (vers 23h).

Fondé en 1879, il fut aménagé dans la halle aux Draps par le décorateur de théâtre Eugeniusz Dąbrowa-Dąbrowski. Les professeurs d'université y tenaient de savants débats, Józef Piłsudski y lisait son journal. On peut y prendre son petit déjeuner, déguster des gâteaux ou des glaces, discuter en paix (la musique est très douce). Connexion au réseau wi-fi.

Café Camelot

Ul. św. Tomasza 17 (G5-6)
☎ 012 421 01 23
T. l. j. 9h-minuit.

Aux murs, des pastels et des photos ; un ange vous contemple du haut d'une armoire ; du gui au plafond ; des bougies sur les tables... l'endroit est chaleureux et très branché. Tous les prétextes sont bons pour y passer : les jours de grand froid, une bonne liqueur de cerise aux quatre mendiants (figues, pruneaux, cerises, raisins secs) ou un hydromel réchauffent, les jours de canicule, le vin blanc désaltère délicieusement.

Bonnes salades, baguettes à garnitures variées, chèvre chaud. Le vendredi, spectacles du cabaret Loch Camelot dans la cave ; le samedi, des récitals et des vedettes locales.

Pożegnanie z Afryką

(Adieu à l'Afrique)
Ul. św. Tomasza 21 (G5-6)
☎ 012 644 47 45
Lun.-ven. 10h-22h
Magasin : lun.-ven. 10h-19h, sam.-dim. 10h-17h.

Le café embaume. Des bougies éclairent les tables. Aux murs, des photos anciennes. On y sert les meilleurs cafés du monde : du Blue Mountain de la Jamaïque, du Kona et du vrai moka du Yémen (nom du port par où il était exporté vers l'Europe). Au choix, du café à la vanille, à l'orange, à la cannelle et bien d'autres. Et aussi du décaféiné. Accessoires pour le café, espressos, tasses, et du café, en grains bien sûr.

Shisha Club

Mały Rynek 2 (G6)
☎ 012 421 64 98
T. l. j. de midi au dernier client.

Un soupçon d'évasion dans une cave au décor oriental : sièges confortables, coussins multicolores, tables basses et des lampes diffusant une lumière magique. Du thé, des bricks tunisiens, et surtout, la *chicha,* ce narguilé connu depuis cinq cents ans et adopté dans de nombreux pays d'Orient. On fume en général à deux ou trois en avalant une gorgée de thé fort avec une feuille de menthe fraîche. Une pipe bien préparée détend, relaxe, et vous tourne même parfois délicieusement la tête.

Zakątek

(la Retraite)
Ul. Grodzka 2 (F6)
☎ 012 429 57 25
T. l. j. 8h-22h (23h le week-end).

Un endroit parfait pour se mettre à l'abri de la pluie ou du soleil. Quelques tables dans un décor agréable, de très bons sandwichs, des cocktails, du thé et, bien évidemment, du café. De la musique s'échappe de vieux disques vinyle.

Kazimierz

Les Couleurs Café

Ul. Estery 10 (D3)
☎ 012 429 42 70
Lun.-ven. 7h-minuit, sam. 8h-2h, dim. 9h-2h.

« Kolory », comme on l'appelle, est l'un des cafés les plus agréables de Kazimierz, fréquenté par les photographes, les cinéastes et les journalistes. Le décor rappelle les cafés parisiens, on peut y traîner devant un café, y lire, prendre son petit déjeuner ou un repas léger (bonnes tartes, toasts, salades), ou simplement contempler la place Nowy. Les serveurs vous glisseront, en français, en allemand ou en anglais, des tuyaux sur les lieux à visiter et les événements intéressants qui se passent en ville.

MAIS AUSSI

Deux autres cafés à découvrir pendant votre visite de Cracovie :
Loża, p. 43,
Café Młynek, p. 62.

Kawa

Ul. Józefa 14 (D3)
T. l. j. 9h-minuit.

Deux salles. Dans la plus grande, un canapé, un vieux poste de radio, une petite table donnent l'impression d'être en visite chez quelqu'un. Des dizaines de cafés, au chocolat et à la menthe, à la vanille, à l'orange. À accompagner de gâteaux.

Warsztat Café

(Atelier Café)
Ul. Izaaka 3 (D3)
☎ 012 292 09 09
T. l. j. 9h-2h.

Un coin charmant de Kazimierz. Deux petites salles, une rouge et une bleue, dont les murs et les plafonds sont couverts de trompettes et de trombones dorés. Le bar est un ancien piano. Les après-midi, un artiste invité joue de cet instrument. Délicieux gâteaux maison, thé, café et alcools. L'été, des tables sont installées sur le trottoir. L'ambiance est détendue. Récitals et rencontres avec des personnalités. Une fois par mois, le café organise un « salon d'essayage de poésie ».

Shopping mode d'emploi

Un bonheur pour le shopping : on a tout sous la main ! Entre deux visites de monuments, au hasard de vos promenades dans les ruelles pittoresques, lors d'une pause café ou à l'heure du déjeuner, vous repérerez les boutiques de livres anciens, de chapeaux, de fleurs artificielles, aux traditions parfois centenaires et dont les propriétaires sont souvent des puits de science sur la ville.

Où faire du shopping ?

Rue Floriańska et rue Grodzka, les magasins de vêtements rivalisent avec les boutiques de chaussures, de bijoux et de souvenirs. Autour du Rynek, vous trouverez des antiquaires, des bouquinistes. À Kazimierz, les antiquités et les brocantes, les galeries de peinture et d'art décoratif voisinent avec les anciens ateliers de menuiserie, de couture, les cordonneries, quincailleries et drogueries. Hors du centre, allez rue Długa (tissus, vêtements, luminaires), rue Kalwaryjska, rue Starowiślna et rue Krakowska (vêtements, chaussures, tissus, quincaillerie). Bien sûr, pour les grosses courses, il y a les supermarchés : Tesco (ouvert de 9h à 20h), Carrefour, Géant, M1 et Galeria Kazimierz (le plus proche de la ville, à 10 minutes à pied de Kazimierz).

Marchés et marchés aux puces

Chaque quartier a son marché « vert » pour les fruits et légumes, et son *bazarek* pour les vêtements et articles ménagers. Les marchés

OÙ FAIRE SES COURSES LE DIMANCHE

Aussi incroyable que cela puisse paraître, la plupart des magasins d'alimentation sont ouverts de 7h à 16h ou 20h. On y trouve du pain, de la charcuterie, du shampooing etc. Pour le ravitaillement « en gros », les centres commerciaux, Galeria Kazimierz, Géant, M1, Carrefour sont en général ouverts de 9h à 20h. Tesco aussi.

de Kleparz, l'ancien et le nouveau, ceux de Grzegórzki et des places Nowy et na Stawach sont toujours très fréquentés. Vous y trouverez des fruits et légumes, des fleurs, mais aussi des jeans, des vestes, de la lingerie, des chaussettes et des articles ménagers. Les prix valent vraiment le coup. Le marché aux puces de la place Nowy a lieu tous les dimanches, de 8h à 13h ou 14h. Brocante et antiquités sont à part.

Acheter son pain

Tout magasin d'alimentation vend du pain, mais dans les boulangeries, ouvertes de 7h à 18h ou 19h, le pain et les petits pains sont toujours frais. Il en existe de multiples sortes. Goûtez le pain au levain de tradition.

Plantes et produits de beauté naturels

Les herboristeries Herbapol sont remarquablement approvisionnées en plantes, liqueurs de plantes, tisanes et thés parfumés, et aussi en excellents produits de beauté naturels. Il y en a une n° 23, rue Szewska.

Heures d'ouverture

Les magasins d'alimentation sont en général ouverts de 6h à 20h, voire 22h. Plusieurs restent ouverts 24h/24 : Alex, rue Starowiślna ; Oczko, rue Stradomska ; Krystyna, rue Krakowska. Les autres magasins ouvrent de 10h ou 11h jusqu'à 19h. Seules les petites boutiques ferment à 18h. Le samedi, les magasins d'alimentation ferment une ou deux heures plus tôt, les autres à 14 ou 15h.
En semaine, les marchés de fruits et légumes sont ouverts de 7h à 16h (les petits) et à 18h (les grands).
Le samedi, les fermiers des environs vendent leurs produits jusque vers 15h. Le dimanche, le seul marché de fruits et légumes ouvert est celui de la place Nowy (jusqu'à 14h).
Les brocantes finissent habituellement vers 15h, mais l'été, à Kazimierz, certains vendeurs restent plus tard.

Comment payer ?

On peut payer partout en espèces. Les magasins acceptent la plupart des cartes de paiement, signalées sur leur porte.
Il est possible de payer en euros dans la majorité des supermarchés (en général à une caisse séparée).

Le remboursement de la TVA

La TVA est incluse dans le prix de tout article. Les étrangers – hors communauté

SE REPÉRER

Nous avons indiqué à la suite de chacune des adresses des chapitres Séjourner, Shopping et Sortir leur localisation sur le plan placé à la fin du guide.

européenne – peuvent se la faire rembourser lors de l'exportation d'articles achetés dans les magasins signalés « Tax free ».

Marchandage

Dans les magasins, les prix sont fixes. On peut parfois exercer ses talents de marchandeur chez les antiquaires, mais le plus facile, c'est au marché de fruits et légumes en fin de journée.

Les soldes

Les soldes d'été commencent à la mi-août, et ceux d'hiver en février. Les remises sont importantes, jusqu'à 70 %. Vous repérerez le mot PRZECENA en gros sur les vitrines.

Mode féminine

Compléter sa garde-robe est un plaisir à Cracovie : le shopping se fait dans un seul quartier et les prix sont raisonnables. Les boutiques de créateurs polonais et les magasins de mode jeune fleurissent. Cependant, les femmes qui préfèrent un style plus classique trouveront également où s'habiller.

Oliwka

Ul. Szczepańska 7 (F5)
☎ 0 889 504 339
Lun.-ven. 11h-21h, sam.-dim. 10h-20h.

Dans ce charmant endroit, magasin et galerie à la fois, on peut voir et acheter des vêtements dessinés par les jeunes créateurs de l'École de stylisme et de modélisme artistique. Adolescentes, trentenaires et femmes aimant les tenues et accessoires sortant de l'ordinaire y trouveront leur bonheur. D'intéressants bijoux, des objets musicaux d'Eugeniusz Salwierz et des lampes du jeune artiste Grzegorz Zmarz.

Pabia

Plac Mariacki 1 (G6)
☎ 012 422 45 13, poste 14
Lun.-ven. 10h-19h, sam. 10h-16h.

Le classique, c'est le signe de reconnaissance de Pabia depuis des années. Ses robes, ses tailleurs chic sont en lin, en coton, en satin. Les collections s'adressent aux femmes actives et indépendantes.

Femini

Ul. św. Jana 5 (F5/G5)
☎ 012 429 19 83
Lun.-ven. 11h-19h, sam. 11h-15h.

Des créations de stylistes polonais pour toutes les occasions. Des robes à dentelle, superbes avec des accessoires branchés, des robes de tous les jours et de détente, toutes de bonne qualité, chic, coupées dans de beaux tissus : shantung, soie, lainage. Une ligne Special Design by Femini propose des modèles uniques. Les stars viennent ici choisir leurs tenues de gala à des prix très raisonnables.

Address

Ul. św. Jana 15 (F5/G5)
Lun.-ven. 11h-19h,
sam.-dim. 10h-14h.

Un magasin très fréquenté qui propose des vêtements en lin, en soie et en lainage de stylistes polonais, de coupe classique avec des dentelles et des volants romantiques. Coloris assortis. Les collections se renouvellent souvent.

Fama

Ul. Grodzka 38 (F6)
☎ 012 421 66 39
Lun.-ven. 11h-16h, sam. 10h-16h, dim. 11h-15h.
Des vêtements de bon goût, essentiellement en lin ou en lainage, des pull-

overs et des châles tricotés main. Beaucoup de choses originales à prix doux.

ORANGE

Ul. Kościuszki 36 (B3)
☎ 012 427 11 48
Lun.-ven. 11h-18h,
sam. 10h-14h.
Passez-y en allant au tertre de Kościuszko. Les sacs Gucci, les chaussures Chanel en série limitée, les tailleurs et les jupes de Laura Biagotti en valent la peine. Les vêtements et les accessoires de créateurs polonais aussi.

Solar

Galeria Kazimierz
Ul. Podgórska 34 (D3)
☎ 012 433 01 01
Lun.-sam. 10h-22h,
dim. 10h-20h.
Des collections très réussies de stylistes polonais seyant à tout âge. Les vêtements sont bien coupés et de bonne qualité, avec un soupçon d'excentricité, mais faciles à mettre. Des châles tricotés à la mode, de jolis sacs et ceintures.

OXA

Ul. Floriańska 31 (G5)
☎ 012 292 19 74
Lun.-ven. 11h-19h,
sam. 10h-15h.
La passion de la propriétaire des lieux ? La mode, les créateurs et les tissus, sélectionnés avec grand soin. Ses clientes sont des femmes qui aiment suivre la mode et sont prêtes à certaines audaces. La plupart des collections sont de style classique avec une pointe d'originalité.

KOMIS RZECZY ŁADNYCH

On peut s'installer dans un canapé pour feuilleter des journaux de mode, et surtout farfouiller sur les portants. Vous aurez bien du mal à choisir parmi le « tendre » et le « hard », les vêtements de luxe et de détente, les vêtements griffés à peine portés (Gucci, Armani, etc.), et les créations de jeunes stylistes cracoviens (certaines vraiment super !), les chaussures et les accessoires. Les prix sont très séduisants. Un autre magasin de ce type existe vers Kazimierz, 5, rue Sarego. Les messieurs pourront se trouver quelque chose dans l'un ou l'autre.

(le Magasin de jolies choses de seconde main)
Ul. Szpitalna 7 (G5-6)
☎ 012 423 04 61
Lun.-ven. 11h-18h,
sam. 10h-15h.

Accessoires :
ambre, maroquinerie...

Les initiées savent où dénicher l'accessoire de leurs rêves. Les petits ateliers et boutiques traditionnels, même sans grande enseigne, fidélisent leur clientèle. Grâce au bouche-à-oreille, on sait qu'une nouvelle boutique vient d'ouvrir à tel endroit, qu'on trouvera un chapeau rues św. Marka ou św. Tomasza, et des bijoux rues Floriańska, Grodzka ou Józefa, ou dans la halle aux Draps. La « spécialité » polonaise, c'est l'ambre, bien sûr, ramassé sur les rives de la Baltique.

Mikołajczyk Amber

Ul. Kanonicza 22 (F6)
☎ 012 422 36 96
Lun.-sam. 11h-16h30, dim. 10h-17h30.

Trois bijoux en ambre sur quatre vendus dans les magasins de luxe d'Europe et d'Amérique sont dessinés et réalisés en Pologne pour les marques Cartier, Tiffany, Chopard ou Bulgari.
Cette galerie présente de très beaux pendentifs, des broches et des bagues aux formes originales, associant audacieusement ambre et plastique, bois et cristal. Les effets sont éblouissants.

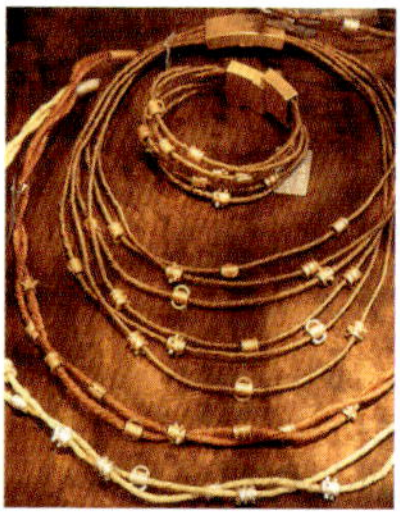

Ofir

Ul. Floriańska 12 (G5)
☎ 012 421 98 85
Lun.-ven. 10h-19h, sam. 10h-16h.
Un tour dans les magasins et les galeries de Cracovie vous convaincra que les Polonais créent des bijoux en ambre inédits. Cette galerie présente

des modèles contemporains. Admirez par exemple les bracelets en forme de gros nœuds.

Pracownia artystyczna kapeluszy

(Atelier de modiste d'art)
Ul. św. Marka 21a (F5/G5)
Lun.-ven. 12h-17h.

Une fois le seuil franchi, le monde pressé disparaît. Les chapeaux sont magnifiques : aigrettes, toques, capelines, voilettes, en feutre ou en paille toute légère. Cet atelier, fondé en 1918, exécute de nombreuses commandes pour le théâtre.

Blazko Kindery

Ul. Józefa 11 (D3)
☎ 012 430 76 31
Lun.-ven. 11h-19h, sam. 11h-15h.
La galerie de Grzegorz Błażko, artiste plasticien et styliste, occupe le rez-de-chaussée d'une demeure du XVIe s. de Kazimierz. L'artiste associe des pierres précieuses et semi-précieuses avec des cristaux de Svarowski. Des expositions, dont une d'anneaux de fiançailles juifs.

Pracownia Kwiatów Sztucznych

(Atelier de fleurs artificielles)
Ul. św. Tomasza 22 (G5-6)
☎ 012 429 17 06
Lun.-ven. 11h-17h30, sam. 11h-14h.

Du muguet, des violettes, des voilettes fleuries, des bouquets fantaisie pour orner robes ou chapeaux. Tout faits ou sur commande, en organdi, en shantung, en soie, taffetas, crêpe Georgette, satin... Un lieu très « cracovien », fondé en 1916 par la grand-mère de la propriétaire, Hanna Badura. Là sont écloses les fleurs des *Noces* d'Andrzej Wajda, celles des décors de Krystyna Zachwatowicz et des spectacles de Jerzy Jarocki. Tadeusz Kantor en faisait fabriquer en grosse toile.

MJM

Ul. Grodzka 13 (F6)
☎ 012 617 02 03
Lun.-ven. 11h-21h, sam. 11h-15h.
Le propriétaire de cette petite et élégante joaillerie tire son inspiration de ses voyages. Outre l'or, les pierres précieuses et l'ambre, certains bijoux utilisent des matières peu banales, comme ce collier en gros coquillages polis terminé par une boule en or servant d'attache.

Batycki

Rynek Główny 13 (F5-6)
Lun.-ven. 11h-16h, sam. 10h-14h.

La maison Batycki produit des sacs à main et des articles de maroquinerie, dont certains associent cuir et ambre.

ALICE DRIVE

Si un soir d'été vous voyez des gens en train de festoyer, de se bercer dans un hamac ou de regarder un film, c'est que vous êtes à la bonne adresse. À la fois club informel et magasin, c'est le lieu de rendez-vous des amateurs de motos, de voyages, de parapentes et deltaplanes, d'escalade, de voile. On y vend des vélos bon marché, des motos délirantes et tout le matériel indispensable aux motards.

Ul. Podgórska 28 (D3)
12h-20h (et même jusqu'à 22h l'été).

Réserve Naturelle

Ul. Grodzka 18 (F6)
Lun.-ven. 11h-19h, sam. 11h-17h, dim. 11h-16h.

La clientèle, plutôt jeune, raffole de ses bijoux fantaisie de toutes les couleurs, en verre, en métal et en plastique, et de ses barrettes, pinces à cheveux, peignes, élastiques et chouchous en tout genre.

La mode au masculin

Les messieurs apprécient que la plupart des magasins de mode masculine se trouvent sur le Rynek ou dans son voisinage. Jetez un coup d'œil aux chaussures et aux vêtements de sport. Les jeunes trouveront un grand choix de modèles sympathiques. Des boutiques proposent des vêtements griffés de seconde main quasi neufs et à des prix raisonnables.

Vistula

Ul. Szpitalna 3 (G5-6)
☎ 012 422 09 55
Lun.-ven. 11h-19h, sam. 10h-15h.

Cette entreprise polonaise traditionnelle est réputée pour la qualité de ses étoffes de lin et laine mélangés, et la coupe classique et soignée de ses costumes. Son offre s'est élargie aux jeans, chemises à col souple et T-shirts ou vestes au dos brodé. Jolies ceintures et cravates.

Bytom

Ul. Sienna 7 (G6)
☎ 012 421 27 45
Lun.-ven. 10h-19h, sam. 10h-15h.

Tout près du petit Rynek, du prêt-à-porter classique et élégant sorti des fabriques Bytom et Próchnik : des coupes et des finitions impeccables pour leurs costumes et vestes en lin, en polyester, en coton et polyester, en laine et aussi en soie ; de très belles cravates en soie polonaise. Un service spécial de confection de costumes sur mesure (VIP service).

R and R

Ul. św. Filipa 5 (G5)
☎ 012 632 20 15
Lun.-ven. 10h-14h.

La première clientèle de la maison, ce sont les messieurs à qui l'on va passer la bague au doigt, mais on y trouve aussi vestes, gilets et cravates, et de la petite maroquinerie pour d'autres occasions. Étoffes de bonne qualité, imprimés discrets, un style chic, élégant. Toutes les retouches sont gratuites.

Janina SC.

Plac Dominikański 5 (F6/G6)
☎ 012 422 38 09
Lun.-ven. 11h-18h,
sam. 11h-14h.

La cravate est apparue en Croatie, d'où son nom. Difficile aujourd'hui d'imaginer un costume sans cravate. Ce petit magasin tenu depuis des années par les mêmes propriétaires est un lieu sans pareil. Vous y apprendrez tout sur la cravate et l'art du nœud pap. Les modèles classiques en soie dominent, mais il en existe d'autres plus fantaisistes.

House

Pasaż Bielaka
Rynek Główny 9 (F5-6)
☎ 012 802 94 06.

Adieu le classique ! Ici,les vêtements sont « sport » : imprimés modernes, applications intéressantes, détails étudiés. Les jeunes et les messieurs au style décontracté rendent volontiers visite à ce magasin.

Tatuum

Rynek Główny 37 (F5-6)
☎ 012 431 27 52
Lun.-ven. 10h-20h, sam. 11h-16h, dim. 11h-17h.

Un côté hommes, un côté femmes. On peut s'y habiller complètement, du T-shirt à la chemise, de la veste au pantalon. Des tissus naturels : lin, coton, laine. Un style classique, simple et pratique.

Si vous souhaitez être chic et relax, Monsieur, ce magasin est pour vous. Autre qualité de Tatuum : de très jolies couleurs.

Galeria Centrum

Ul. św. Anny 2 (F5-6)
☎ 012 422 98 22 poste 103
Lun.-ven. 9h30-20h30, sam. 10h-20h, dim. 11h-16h.

L'immeuble situé au coin des rues Wiślna et św. Anny abrite un grand magasin. Au rez-de-chaussée, vous trouverez parfumerie et produits de toilette. Le deuxième étage est entièrement consacré à l'homme : costumes et chemises, chaussures, cravates, vêtements de créateurs polonais pour les marques Navy et Timberland. Très grand choix.

WIERCHY

Ce minuscule magasin sur cour peut tirer fierté de ses vêtements de sport de fabrication polonaise. De belles vestes et des chemises chaudes, des polaires de bonne qualité, de confortables gilets sans manches, des chaussures de montagne, du matériel d'escalade, des sacs de couchage en duvet, dont les Pajak. Destinés d'abord aux amateurs de randonnée en montagne et de varappe, beaucoup de ces vêtements font cependant de parfaites tenues de week-end.

(les Cimes)
Ul. Szewska 23 (F5-6)
☎ 012 429 67 05
Lun.-ven. 11h-19h,
sam. 11h-15h.

La mode enfantine
et pour adolescents

Petits et adolescents n'ont pas à se plaindre. La plupart des magasins de Cracovie et des nouvelles boutiques et galeries recherchent leur clientèle. Les magasins de vêtements voisinent avec les magasins de jouets, en bois naturel ou peint. Ce ne sont pas les idées de cadeaux qui manquent.

3zone

Ul. Grodzka 62 (F6)
☎ 012 421 74 63
Lun.-ven. 11h-16h, sam.-dim. 10h-15h.

Les adolescentes seront inévitablement attirées par ce magasin étroit au bout de la rue Grodzka, en face du Wawel, où robes et hauts sont particulièrement jolis. Les couleurs claires dominent. Des ceintures aux boucles décoratives transformeront leur tenue de tous les jours en tenue de soirée.

Bajo

Ul. Grodzka 60 (F6)
☎ 012 429 14 42
Lun.-ven. 11h-16h, sam. 10h-14h.

Du vert, du rouge, du jaune vif… Dans ce magasin aux couleurs attrayantes, vous trouverez des centaines de jouets en bois et des meubles destinés aux petits. Ces jouets sont conçus pour développer l'imagination. Les créations originales ont les certificats de qualité requis. Beaucoup ont reçu des récompenses prestigieuses.

Endo

Ul. Grodzka 59 (F6)
☎ 012 421 28 04
Lun.-ven. 11h-19h, sam. 11h-15h.

Bravo aux stylistes polonais qui créent pour Endo de quoi constituer toute la garde-robe de bébé, de l'enfant de 3 ans ou de l'ado dans une même gamme de coloris : T-shirts, chemises, polaires, pantalons, robes et anoraks.

Et pour les mamans, un sac assorti au vêtement de leur enfant avec une poche pour le portable. Les T-shirts sont discrètement imprimés de leurs héros favoris ou de phrases amusantes. Les ours en peluche de toutes les couleurs ont eux aussi leur collection !

Stefek Burczymucha

Ul. Grodzka 47 (F6)
☎ 012 430 21 27
Lun.-ven. 11h-19h, sam. 11h-14h.

Ce minuscule magasin de mode enfantine tire son nom du héros d'un poème de Maria Konopnicka, qui « défend les droits de l'enfant à l'élégance ». Il propose des vêtements aux très jolis imprimés, fabriqués dans des tissus naturels par des entreprises de prêt-à-porter polonaises cachées sous des noms étrangers : Marquita, Tup Tup, Hot Oil, Blue Seven, Coccodrillo.

Click Fashion

Ul. Grodzka 32 (C2)
☎ 012 422 42 81
Lun.-ven. 11h-20h, sam. 11h-18h, dim. 12h-18h.

Elles y trouvent des tenues pour toutes les circonstances, aussi bien pour le thé chez mamie que pour leur premier rendez-vous : pantalons, jupes, grand choix de hauts en tissu et en jersey.
Ce petit magasin pour jeunes filles est très fréquenté par leurs mamans…

Dzieciak

(le Gossel)
Ul. Tarłowska 23 (F6)
☎ 012 431 03 29
Lun.-ven. 11h-19h, sam. 10h-14h.

Au coin des rues Zwierzyniecka et Tarłowska, de jolies sandales, des souliers vernis, des chaussures montantes confortables, des bottes.
La plupart sont de fabrication polonaise, en cuir naturel ou dans des matières de bonne qualité. Les finitions intérieures sont soignées, la tige renforcée et la semelle profilée sont étudiées pour le confort du pied en pleine croissance. Des prix très raisonnables.

5-10-15

Galeria Kazimierz, Ul. Podgórska 34 (D3)
☎ 012 433 03 22
Lun.-sam. 10h-22h, dim. 10h-20h.

Un des tout premiers magasins de Pologne pour les 5, 10, 15 ans. Un vaste choix de pantalons, jupes, chemises et T-shirts, où domine la confection polonaise de qualité dans des coloris gais. Vous compléterez leurs tenues avec des accessoires : chaussettes, foulards, bonnets et casquettes.

Zig Zig

Galeria Kazimierz
Ul. Podgórska 34 (D3)
Lun.-sam. 10h-22h, dim. 10h-20h.

Ce nouveau magasin ne désemplit pas.
Vos ados y trouveront de quoi s'habiller de pied en cap pour toutes les occasions. De fabrication polonaise, les vêtements ont des coupes originales, associant couleurs et tissus variés.

GALERIA BUKOWSKI

Enfants et adultes prendront plaisir à venir dans ce petit magasin, pratiquement au coin du Rynek et de la rue Sienna. Des armoires et des buffets peuplés d'ours en peluche ! Grands et petits, marron, beige, crème, certains habillés… Dans la collection, des ours traditionnels évoquant les peluches anglaises et allemandes de la fin du XIXe et du début du XXe s., des ours tout doux pour les câlins, et la Baby collection pour les tout-petits.

Ul. Sienna 1 (G6)
☎ 012 433 88 55
Lun.-ven. 10h-19h, sam. 11h-16h.

Antiquités et brocantes

Au XVIIe s., le commerce des livres anciens à proximité de l'église Saint-Adalbert était une affaire qui prospérait. Au XIXe s., les bouquinistes fleurirent rue Szpitalna et place św. Krzyża. Aujourd'hui, ils côtoient les antiquaires et les brocanteurs, de plus en plus nombreux à proximité du Rynek, mais aussi rue Józefa, dans le quartier de Kazimierz.

Desa

Ul. Grodzka 8 (F6)
☎ 012 421 54 54
Lun.-ven. 11h-18h,
sam. 11h-14h
www.antyk.krakow.pl

Passez dans ce salon d'antiquités de renom même si vous n'avez pas l'intention d'acheter. Foulards de Silésie, tapis persans, turkmènes et turcs qui ornaient autrefois les planchers, les murs et les tables des maisons fortunées vous feront découvrir la Cracovie et la Petite-Pologne d'antan. Vous verrez aussi de belles étoffes, de la peinture polonaise du XIXe s., des objets d'artisanat d'art, des horloges XVIIIe s. et des bijoux anciens.

Unikat

(Trouvailles)
Ul. Wiślna 10 (F6)
☎ 012 421 98 69
Lun.-ven. 11h-19h,
sam. 10h-14h.

Le salon d'œuvres d'art et le magasin d'optique se partagent les trois pièces d'un ancien appartement. Si vous cherchez un appareil photo du début du XXe s., des agrandisseurs des années 1950, un Zorka ou du matériel d'occasion en état de marche relativement récent, rendez-vous directement dans la pièce au fond du salon. Près de l'entrée, de beaux verres anciens, des bibelots, de la porcelaine, des objets en métal argenté, des bijoux et de la peinture du début du XXe s.

M. A. Włodek

Ul. Felicjanek 8 (F6)
☎ 012 429 58 48

Lun.-ven. 11h-17h, sam. 11h-14h.

À l'époque du communisme, Artur et Małgosia Włodek dénichèrent dans la campagne environnante de véritables merveilles : des armoires peintes rustiques, des coffres, des tables, des lampes, des bibelots pleins d'originalité. Et aussi de charmantes théières, de très beaux napperons au crochet, des verres à pied ou à vodka en cristal, et un panier à pique-nique en osier…

Miscellanea

Ul. Bracka 6 (F6)
☎ 012 422 64 21
Lun.-ven. 10h-18h, sam. 10h-15h.

Au début du XXe s., dans la demeure du marchand de vins Bodega, se retrouvait la bohème cracovienne. Aujourd'hui s'y rendent les clients de l'un des meilleurs bouquinistes de la ville. Des ouvrages rares côtoient sur les rayonnages des livres plus récents. Les livres les plus anciens datent du XVIIe s. Beaucoup sont consacrés à l'art, à l'ethnographie, ou à l'histoire. Les cartes et cartes postales anciennes séduiront les collectionneurs.

High Fidelity

Ul. Podbrzezie 6 (D3)
☎ 0 505 184 479

Lun.-ven. 11h-18h, sam. 11h-15h.

C'est une sorte de marché d'occasion du disque vinyle, du livre et du CD. On y vient pour découvrir des pièces rares, et pour discuter, écouter de la musique assis sur une banquette ou fouiller parmi les livres…

Antykwariat Uty Kalinowskiej

(le magasin d'antiquités d'Uta Kalinowska)
Ul. Gołębia 3 (F6)
☎ 012 430 24 24
Lun.-ven. 11h-18h, sam. 11h-14h.

L'art sacré, l'ethnographie, l'histoire à travers les objets sont la passion de la propriétaire. Sa boutique croule sous les meubles, les sculptures en bois, les lampes et les bibelots.

Antyki Józefa

(Antiquités de Joseph)
Ul. Józefa 9 (D3)
☎ 012 430 66 38
Lun.-ven. 10h30-18h, sam. 10h30-14h.

Dans l'espace de cette boutique d'antiquités s'entassent tableaux, verrerie, meubles et tissus : une desserte et un buffet anciens, une salière fin XIXe s., une jolie tasse ou une figurine en porcelaine Sécession. Dans une autre boutique au n° 2, rue Józefa, des bibelots charmants, de la vaisselle en porcelaine et des bijoux anciens.

PLACES NOWY ET GRZEGÓRZKI

Si vous recherchez des objets qui ont une âme, allez place Nowy ou à Grzegórzki. Quand les antiquaires déballent leurs trésors, des livres d'occasion surgissent sur les étals déserts. À Grzegórzki, le dimanche, vous trouverez des armoires, des chaises, des commodes, des miroirs anciens et des objets militaires, des monnaies, des bijoux, des lampes, des tissus, des disques et des livres.

Plac Nowy (D3)
T. l. j. 8h-16h, dim. 8h-15h.
Grzegórzki (D2)
Dim 8h-14h.

Les marchés

Chaque marché de Cracovie a son caractère et son style. Aux « Stawy », immortalisés dans la littérature, les femmes du village de Liszki, aux environs de Cracovie, viennent vendre leurs produits crémiers et leur saucisson. À Kleparz, les montagnardes vendent des champignons à l'automne. Le marché de Grzegórzki est célèbre pour ses primeurs et ses saucisses grillées. La place Nowy a sa brocante dominicale, ses tomates bio et les côtelettes d'Endzior (prévoir du temps pour faire la queue).

Stary Kleparz

(ancien Kleparz)
Rynek Kleparski (C1)
de 7h à la tombée de la nuit.

Ce marché, l'un des plus vieux de Pologne, existait déjà au XIVe s. Il est chargé d'ambiance, de couleurs et d'odeurs. On y trouve de tout, de la lingerie, des vêtements, des fleurs, des paniers en osier, des chaussures, des lunettes et des perceuses, mais les étals de fruits et légumes et de produits laitiers sont le cœur du marché. Pour avoir une idée de la vraie Cracovie, vous devez aller voir les fermières venues vendre crème fraîche, œufs du jour et fromage blanc, chou et cornichons marinés.

Nowy Kleparz

(nouveau Kleparz)
Ul. Długa, à l'angle de l'avenue Mickiewicza (C1)
de 7h à 19h (une partie des échoppes jusqu'à la tombée de la nuit).

Des étals de fruits et légumes comme à l'ancien Kleparz, mais il y a plus de stands d'articles ménagers et de vêtements. Les fleuristes sont ouverts tard. Le mardi et le vendredi, des fabricants d'objets en osier s'installent du côté de la rue Długa. On y trouve aussi balais et cache-pots !

Plac Nowy

(place Neuve – D3)
T. l. j. 8h-16h, dim. 8h-14h.

Le marché de la place Nowy, en plein cœur de Kazimierz, est un lieu plein de charme. La rotonde de l'abattoir de poulets, de la fin du XIXe s., est aujourd'hui une halle de marché entourée d'éventaires. En semaine, on y trouve fruits et légumes, des bijoux fantaisie, du matériel de cuisine et de bricolage. Bouquinistes et brocanteurs y déploient aussi leurs étals. Le dimanche, votre promenade vous entraîne dans une sorte de musée ethnographique.

Autres attraits : la brocante dominicale et les plus fameuses saucisses de la ville que Cracoviens et touristes viennent déguster la nuit.

Grzegórzki

Ul. Grzegórzecka (C2)
T. l. j. 7h-18h.

Ce village fut acheté par la ville en 1388. Le marché qui s'y tient est parmi les plus grands : des fruits et légumes, et, au printemps, des semis et des plants. Du côté de la rue Grzegórzecka, les fleurs et les articles ménagers ; au fond, la charcuterie et la viande. Parmi les échoppes entourant la patinoire (côté rue), un marchand de fleurs exotiques vend de superbes orchidées.

Rynek Główny

(Grand-Place du marché)
Grand-Place du côté de l'église Notre-Dame (F6)
T. l. j. 8h-minuit.

Chaque marchande de fleurs a ses préférées, son style de bouquets et sa clientèle. Les éventaires du Rynek sont une véritable institution. On y apprend les derniers potins, on s'y plaint du temps qu'il fait, des conseillers, des députés et des ministres ; on y parle des choses de la vie et de voyages lointains.

Plac na Stawach

(place des Étangs – B3)

Les prémontrées y avaient jadis des étangs, asséchés entre le XVIIIe et le XXe s., dont il ne reste plus que le nom. Le marché qui s'y tient, plus modeste que celui de Kleparz ou de Grzegórzki, a la faveur des habitants du quartier pour ses fruits et légumes, le fromage de campagne, la crème et les œufs vendus par les fermières des environs. Près de la place, le bar Na Stawach, ancien lieu culte des poètes, immortalisé dans le poème de Jerzy Harasymowicz, « Bar na Stawach ».

LES SAUCISSES DE GRZEGÓRZKI

Depuis plus de vingt ans, une vieille camionnette vient se garer près de la halle Grzegórzecka tous les jours à 21h, sauf le dimanche. Qu'il pleuve ou qu'il gèle, des hommes installent leur gril et leur table, allument leur feu de bois. Une queue se forme, qui s'allonge à mesure que la nuit avance : professeurs, étudiants, policiers, pompiers, mélomanes, gens à la sortie du théâtre, du cinéma ou de discothèque, arrivés en voiture, à vélo, en moto ; on y a même vu un corbillard ! Les saucisses sont remarquables, accompagnées d'un petit pain chaud (toujours de la même boulangerie) et d'une… orangeade comme dans l'ancien temps. La bombance s'achève vers 3 h du matin. Aucun touriste ne pourra dire qu'il a visité Cracovie s'il n'a pas goûté les saucisses de Grzegórzki.

T. l. j. 21h-3h.

Design
et décoration

La maison est un espace intime, un refuge. Les objets, les odeurs en créent l'ambiance. Les magasins de décoration ne sont pas très nombreux, mais il apparaît de plus en plus de galeries où trouver des idées pour arranger son intérieur et se faire conseiller par un architecte, ou encore engager un décorateur.

Alta Plana

Ul. Dietla 53 (D3)
☎ 012 423 15 34
Lun.-ven. 10h-19h, sam. 10h-17h.

Si vous êtes tombé sous le charme des pays tropicaux, vous adorerez cet endroit. Une armoire faite avec une porte ancienne d'un marchand du Gujarat, du mobilier de l'époque coloniale, en bois exotique, de beaux couvre-lits, des bibelots. D'autres meubles évoquent une vieille maison de Provence, un manoir polonais, une demeure de paysan aisé.

Alhena sklep firmowy Krosno

(magasin de la firme Krosno)
Plac Mariacki 1 (G6)
☎ 012 421 54 96
Lun.-ven. 10h-19h, sam. 11h-15h.

Le verre de Krosno, fabriqué de façon traditionnelle, à la main, est connu dans le monde entier. Ici, vous trouverez aussi bien des verres à vin et à vodka, des coupes, des bols, des sucriers, des cendriers, des compotiers, que des vases aux formes recherchées, des bougeoirs, et des presse-papiers.

Certains articles sont en verre coloré (en opaline, bleu cobalt, vert, améthyste, noir, jaune, azur).

Bez Atu

(Sans Atout)
Ul. Józefa 3 (D3)
☎ 012 430 68 20
T. l. j. 11h-18h.
La galerie est liée à un groupe de décorateurs et d'architectes d'intérieur, qui imaginent des projets pour les organismes publics et pour les particuliers. Une belle collection de gravures et de lithographies, et des objets décoratifs originaux.

Ampla

Ul. św. Marka 11 (F5/G5)
☎ 012 431 20 40
Lun.-ven.11h-18h,
sam. 11h-14h.
Ce beau magasin de luminaires situé dans l'ancienne rue des brasseurs et des marchands de vin propose plus de 500 modèles de lampes : lustres, lampadaires, appliques, lampes de bureau, lampes de chevet... Toutes sont faites dans de beaux matériaux. Les jolis abat-jour en verre dans le style Sécession assortis à divers pieds de lampe créent une atmosphère intime et chaleureuse.

Almi Decor

Al. Pokoju 67 (Centrum Handlowe M1 – D2)
☎ 012 686 01 50
Lun.-sam. 9h-21h,
dim 10h-20h.
Le rouge profond, l'ocre, le vert amande, le vieil or sont les couleurs dominantes. Le bois, la céramique et les tissus évoquent le climat du Midi de la France, de l'Indonésie et de la Scandinavie. Jolis meubles et lampes, ainsi que de charmants bougeoirs, des coussins et des bibelots.

Salon meblowy

(salon du meuble)
Ul. Krupnicza 14 (F5)
☎ 0 505 236 941
Lun.-ven. 11h-16h,
sam. 10h-14h.

Ses meubles de style, allant des Louis au Biedermeier, assurent depuis plusieurs dizaines d'années le succès de ce petit magasin. Tables, guéridons, commodes, armoires, sofas sont exécutés en palissandre, ébène, noyer et bouleau.

Sklep ARTEFE

Ul. Grodzka 61 (F6)
☎ 012 429 12 02
Lun.-ven. 11h-19h,
sam. 10h-15h.
« L'art de la table » : salières, ouvre-bouteilles, pots à café au design original... en acier inoxydable, mais aussi en chêne noir extrait du fond de la Vistule et en calcaire du Jura cracovien et de Częstochowa.

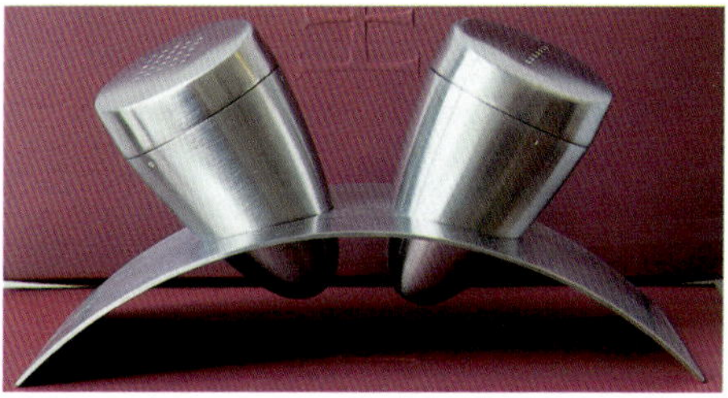

SKLEP Z WIKLINĄ KAJMAN

Pratiquement tout peut être fabriqué en osier au gré de l'imagination du fabricant : des guéridons, des tables basses, des chaises, des fauteuils à bascule, des étagères, des panières à linge, des abat-jour, des plateaux, des horloges de cuisine, des étagères à épices, des paniers à provisions ou pour animaux, des poussettes de poupée, et même... des cercueils ! Il règne dans ce petit magasin un doux désordre, mais gageons que vous y trouverez une bricole pour la maison ou une idée de cadeau.

(Magasin d'objets en osier caïman)
Ul. Starowiślna 29 (D3)
☎ 012 429 54 94
Lun.-ven. 11h-16h,
sam. 10h-17h.

Tissus

Cracovie n'a pas sa pareille pour les étoffes et les tissus d'ameublement : lin polonais et tissus d'Orient, cotonnades de couleur et lourds brocarts. La plupart des magasins de tissus vendent des étoffes de laine, de la soie et du lin, mais certaines boutiques sont plus spécialisées. Leurs vendeuses sont de vraies expertes et sauront vous guider, vous conseiller, vous donner des explications.

Arej sklep bławatny

(Arej magasin d'étoffes)
Ul. Starowiślna 45 (D3)
☎ 012 422 79 47
Lun.-ven. 11h-18h, sam. 10h-14h.

Dans le plus beau magasin de tissus de Cracovie s'entassent shantungs, brocarts, soies sauvages, taffetas, cotons ennoblis de toutes les couleurs. Autant de tissus pour confectionner tenues de soirée, robes et tailleurs chic, mais aussi des vêtements plus fantaisistes. Le stock est très souvent renouvelé. Sélectionnés avec soin par la propriétaire, ils sont de fabrication italienne. La plupart sont en 135 cm de large.

Galeria Persja

Ul. Józefa 13 (D3)
☎ 0 600 037 060
Lun.-ven. 11h-18h.

Dès l'entrée, vous êtes transporté en Orient. Ce lieu magique renferme tout ce qu'il faut pour aménager son appartement dans le style oriental. Dans une petite pièce décorée de tapis et de kilims persans noués à la main, vous admirerez quelques bijoux de nomades, les photos du dernier voyage en Iran des propriétaires de la galerie, des étoffes modernes, des châles, des dessus-de-lit et des tapis de table.

Brokat

(Brocart)
Ul. Gołębia 2 (F6)
☎ 012 422 72 84
Lun.-ven. 11h-18h, sam. 10h-14h.

Des tentures, des doubles rideaux, des dessus-de-lit et des tapisseries en patchwork, des coussins multicolores, des chauffe-théières, des tissus décoratifs, moelleux et épais, légers et vaporeux, brillants ou mats. La plupart sont l'œuvre d'artistes locaux. Un atelier de tapissier (l'un des meilleurs) dirigé par le mari de la propriétaire travaille avec le magasin. Les clients du restaurant Wierzynek (voir p. 90) s'asseyent sur des sièges sortis de son atelier.

Tkaniny

(Tissus)
Ul. św. Jana 2 (F5/G5)
Lun.-ven. 10h-19h,
sam. 10h-14h.

Un nouveau petit magasin de tissus bien approvisionné au cœur de Cracovie. Les toiles de lin sont magnifiques, certaines ont l'air de mousselines. Elles deviendront des robes, des vestes ou des pantalons ; d'autres feront très bel effet comme doubles rideaux. Parmi les cachemires, des imprimés à fleurs rouges sur fond vert du costume traditionnel cracovien.

Merino

Ul. Grodzka 40 (F6)
☎ 012 422 49 23
Lun.-ven. 10h30-18h30,
sam. 11h-15h.

Petit mais proposant un grand choix, ce magasin plaît aux amateurs de matières naturelles : laines mélangées de lin, de coton ou de polyester, et surtout de la laine polonaise de très belle qualité. Savez-vous qu'un châle sur les épaules est propice à la méditation, et que sa douce chaleur réduit la tension musculaire ?

Dywany perskie

(Tapis persans)
Ul. Wiślna 10 (F6)
☎ 0 507 018 749
Lun.-ven. 11h-19h,
sam. 11h-16h.

Encore un magasin où joue la magie de l'Orient… Des couleurs vibrantes : de beaux tapis iraniens, des cachemires et des brocarts, des tissus afghans, ouzbeks et turkmènes. Tous les tissus sont très décoratifs. Les grands suzerains persans (tissus avec des applications cousues main) font de superbes couvre-lits et doubles rideaux. Pour décorer les murs, les *suzani,* plus petits, brodés avec art (*suzan*, en persan, signifie « aiguille »), ronds ou rectangulaires, ont beaucoup d'allure sur une table. Les châles et les tissus en cachemire persan ornent aussi les murs à l'instar des plus beaux tableaux.

World of tapestries

Ul. Sławkowska 11 (F5/G5)
☎ 012 421 66 11
T. l. j. 10h-19h.

Les belles tentures étaient déjà très appréciées sous le règne de Sigismond le Vieux. Dans le magasin de cette entreprise polonaise, de magnifiques tapisseries représentent des thèmes familiers des peintres du Moyen Âge aux préraphaélites du XIXe s. en passant par la Renaissance, le baroque et le rococo. Certaines tentures de très grandes dimensions sont des œuvres d'art. Sont également fabriqués en tapisserie rideaux, nappes, sacs, trousses, coussins et des marque-pages.

POLSKI LEN

Cette petite boutique aux rayonnages bien garnis vous persuadera, si besoin est, de la beauté et de la qualité du lin. Selon le tissage, sa texture change du tout au tout : de simple tissu presque grossier, il peut devenir raffiné, exotique, en particulier les mousselines de lin à reflets dorés. Le choix est très vaste. Jolies nappes et beaux napperons.

(Lin polonais)
Ul. Tarłowska 17 (F6)
☎ 012 429 13 98
Lun.-ven. 11h-19h,
sam. 10h-14h.

Les alcools

L'Antiquité connaissait déjà des boissons ressemblant à la bière, mais la plupart des bières d'antan n'étaient pas à base de houblon, le houblonnage n'ayant été introduit en Europe qu'au XIIe s. La corporation des brasseurs existe à Cracovie depuis 1423 et officiait à Kleparz et rue św. Jana. Mais si la bière reste la première boisson des pubs, les bars à vins connaissent un succès grandissant.

Bodega Marqués

Ul. Sławkowska 12 (F5/G5)
☎ 012 425 49 81
T. l. j. 10h-minuit.

Une petite cave bien fournie en excellents vins espagnols (grand choix de Rioja ; petits vins de Navarre bon marché). Plus chers, des vins de Bourgogne, du Piémont, d'Argentine ou du Chili. Sur place, dans un beau décor, dans des airs de jazz, de flamenco, de rock et des rythmes latinos, on peut boire du bon vin accompagné de tapas. Le café est lui aussi à l'espagnole, corsé. Le *cortado* est servi dans des verres.

F. H. Herbert

Ul. Grodzka 59 (F6)
☎ 012 432 95 20
T. l. j. 11h-19h.

De l'hydromel et de la vodka de la meilleure qualité : *żubrówka* (herbe de bison), *śliwowica* (prune), Chopin, Belvedère, Starka, *Jarzębiak* (sorbier). Et des alcools importés, des vins du Chili, d'Argentine et de Hongrie, mais aussi de Moldavie. Grand choix de cigares et de cigarettes.

Szambelan

(Chambellan)
Ul. Gołębia 2 (F6)
☎ 012 430 24 09
Lun.-sam. 10h-20h, dim. 12h-17h.

Des rayonnages en bois couverts de dames-jeannes de vodka, de liqueur et d'eau-de-vie, chacune munie d'un robinet. Vous pouvez goûter un petit verre de tout : de la liqueur de rose, de gingembre, de cerise, à l'orange et au chocolat ! Il y a aussi du vin et d'excellents vinaigres balsamiques, de l'huile d'olive conservée dans des jarres. Votre sélection faite, il vous restera à choisir le contenant. Joliment emballé et décoré, l'ensemble pourra faire un très joli cadeau ou... compléter votre cave personnelle.

Skład Win Świata

(Dépôt de vins du monde)
Ul. Starowiślna 12 (D3)
☎ 012 422 67 48
Lun.-ven. 11h-20h,
sam. 11h-16h.

Dans ses caves abyssales, des vins du monde entier, surtout d'Espagne, de France, d'Italie, d'Argentine, du Pérou, du Chili et de Californie. Aussi bien des vins de qualité moyenne, à des prix très raisonnables, que des vins millésimés.

Vinoteca 13

(Cave à vins 13)
Rynek Główny 13 (F6)
☎ 012 617 02 50
Lun.-sam. 9h-21h,
dim. 11h-17h.

Un grand choix d'excellents vins, essentiellement italiens. Dégustation sur place, pour le bonheur des clients. Ce rayon de l'épicerie fine Likus est relié à un bar qui sert du vin au verre.

Nalewki i Inne

(Liqueurs de fruit et autres)
Ul. Podgórska 34
Galeria Kazimierz (D3)
☎ 012 433 01 72
Lun.-sam. 10h-22h,
dim. 10h-20h.

Ce joli petit magasin au rez-de-chaussée d'une galerie commerciale vend des liqueurs, des vodkas et des bières polonaises, traditionnelles ou plus originales. Très grand choix d'alcools légers et doux, forts et secs. Tous dans de séduisants flacons munis de jolies étiquettes.

Dionizos

Ul. Pędzichów 22 (C1)
☎ 0 604 997 603
Lun.-sam.11h-19h.

Ici, des vins moldaves, slovaques et croates (c'est rare), et d'excellents tokays hongrois. La plupart proviennent de petits producteurs.

In vino veritas

Ul. Łobzowska 26 (C1)
☎ 012 633 22 28
Lun.-ven. 8h-20h,
sam. 11h-16h.

Un des premiers cavistes cracoviens, bien approvisionné en vins italiens, français et espagnols. On y trouve aussi des vins de contrées plus lointaines, de Californie et d'Amérique du Sud, de Géorgie, d'Arménie, du Maroc et... de Pologne (autorisée à produire du vin de table à l'automne 2005).

LA BIÈRE DE ŚWIDNICA

Dans les sous-sols de l'hôtel de ville se trouvait au Moyen Âge la cave de Świdnica, nom de la ville productrice. En 1540, le conseil municipal ordonna sa fermeture parce qu'elle concurrençait la bière de production locale et attirait « les femmes honteuses piégeant à la sortie les hommes excités ». La bière a toujours été très appréciée en Pologne. Les médecins conseillaient à leurs malades la double bière de Cracovie pour ses vertus thérapeutiques.

Librairies

Les sympathiques petites librairies d'autrefois ont pour la plupart disparu au profit des grandes qui développent leurs rayons de papeterie et gadgets en tout genre. Mais il subsiste plusieurs bonnes librairies, grandes ou petites, dans le périmètre du Rynek et ses abords.

Hetmańska

(librairie du Hetman)
Rynek Główny 17 (F6)
☎ 012 430 41 50
Lun.-ven. 11h-19h, sam. 11h-16h.

Cette demeure historique abrite une grande librairie bien fournie en littérature, poésie, science-fiction et romans d'amour, et en livres pour enfants. Un rayon est consacré à la psychologie, la philosophie, l'art, l'histoire et la religion. Un autre à la littérature en langues étrangères. Au rayon des guides touristiques, vous trouverez cartes routières, plans de la ville, puzzles, cartes postales et timbres.

EMPiK

Rynek Główny 5 / Sienna 2 (G6)
Lun.-dim. 9h-22h.

Sur l'emplacement de cette demeure Sécession du début du XXe s. se dressait jadis une maison gothique avec une brasserie, des écuries et un grenier à blé. Au rez-de-chaussée, le salon de la presse : magazines, publications à faible tirage, quotidiens locaux et nationaux ; un rayon photo. Au premier étage, la librairie, où les littératures populaire et classique sont bien représentées. Également des guides, des beaux livres et de la littérature en langues étrangères.

Kurant

(la Boîte à musique)
Rynek Główny 36 (F6)
Lun.-ven. 9h-19h, sam. 10h-15h.

La librairie musicale se trouve dans la maison Pod Jeleniem (Au cerf), qui au XVe s. abritait la Monnaie et, au XVIIIe s., la très fameuse auberge de Marianna Lebonowa où descendit Johann Wolfgang von Goethe. On y trouve des partitions, des recueils de chansons, des disques, des méthodes, des cassettes vidéo, des DVD, des biographies de musiciens et des ouvrages sur la musique.

Księgarnia Wydawnictwa Znak

(Librairie des Éditions Znak)
Ul. Sławkowska 1 (F5/G5)
☎ 012 422 45 48
Lun.-ven. 11h-16h30, sam. 10h-15h30.

Éditeur de littérature et d'ouvrages de sciences humaines au sens large du terme, Znak est lié au *Tygodnik Powszechny (L'hebdomadaire universel)*, à l'université Jagellon et à l'Église de Cracovie, ainsi qu'aux milieux politiques issus du syndicat Solidarność. Depuis 1959, la sortie des œuvres de Karol Wojtyła, Czesław Miłosz, Umberto Eco, Josif Brodski et de l'abbé Jan Twardowski sont autant d'événements dans les milieux intellectuels.

Księgarnia Ezoteryczna Cud

(Librairie ésotérique Le Merveilleux)
Mały Rynek 4 (G6)
☎ 012 421 23 13
Lun.-sam. 10h-21h, dim. 12h-20h.

C'est une vraie mine de science ésotérique. Tout sur le yoga, le mysticisme, le New Age, la parapsychologie, la magie, le chamanisme, l'astrologie, les sciences occultes, la radiesthésie, les médecines parallèles et la philosophie orientale telle qu'on l'imagine.

Księgarnia Wydawnictwa Zielona Sowa

(Librairie des éditions de la Chouette verte)
Pl. Wszystkich Świętych 7 (C2)
☎ 012 421 09 85
Lun.-ven. 10h-20h, sam. 10h-16h.

En face de l'église des Franciscains, cette librairie propose de la littérature classique et contemporaine, des ouvrages de sciences humaines et pédagogiques, des livres pour enfants et pour la jeunesse.

Księgarnia Wydawnictwa Literackiego

(Librairie des Éditions littéraires)
Ul. Długa 1 (C1)
Lun.-ven. 10h-19h, sam. 10h-15h.

C'est la librairie de l'une des maisons d'édition les plus prestigieuses de Pologne, spécialisée dans la littérature (poésie, romans et théâtre), les essais et la critique littéraire.

Główna Księgarnia Naukowa

(Librairie scientifique principale)
Ul. Podwale 6 (F5-6)
☎ 012 422 90 57 / 422 37 17
Lun.-ven. 10h-19h, sam. 10h-15h.

Les sciences humaines, le droit, l'informatique sont bien représentés. Vous y trouverez toutes les nouveautés, y compris les publications d'éditeurs plus confidentiels. Dans la première salle, des ordinateurs sont mis à la disposition des clients pour la recherche de titres précis.

CENTRUM TANIEJ KSIĄŻKI

Un endroit idéal si votre portefeuille n'est pas très épais, et un paradis pour tous ceux qui lisent et aiment les livres. Beaucoup de titres intéressants et de publications de vulgarisation scientifique : histoire, histoire des civilisations, philosophie, théologie, éditions encyclopédiques pour les enfants, un peu de littérature, livres de cuisine, beaux livres… Un deuxième magasin rue Grodzka ferme plus tard (lun.-ven. 10h-20h, sam. 10h-17h).

(le centre du livre bon marché)
Ul. Bracka 3 (F6) – Lun.-ven. 10h-19h, sam. 10h-17h.

L'artisanat d'art

À la fin du XIVe s., près de cinquante corporations assuraient la défense de la ville et contribuaient à son développement économique et culturel. L'artisanat d'art exposé dans les galeries d'art populaire demeure une fierté locale.

Współczesna Manufaktura

(la Manufacture moderne)
Ul. Rabina Meiselsa 4 (C3)
☎ 012 422 95 44
Lun.-ven. 10h-18h, sam. 10h-14h
www.wspolczesna-manufaktura.com.pl

Tout ce qui naît ici, cousu, tricoté ou crocheté main, a une âme : les nappes ajourées, les napperons brodés au point de croix ou au point Richelieu, les napperons et les couvre-lits au crochet, les patchworks, les dentelles et falbalas… Il n'y a jamais deux pièces identiques ! Ouvrages sur commande.

Kramy Dominikańskie

(les boutiques des Dominicains)
Ul. Stolarska 8-10 (G6)
10h-18h.

Des souvenirs, des objets en céramique ou en verre, des affiches. Le choix est beaucoup plus restreint que dans la halle aux Draps, mais on peut déjeuner ou grignoter agréablement à proximité.

Witraże – Furdyna

(Vitraux – Furdyna)
Ul. Kilińskiego 17 (C3)
☎ 012 266 50 79
Lun.-ven. 8h-16h, sam. 8h-13h.

L'art du vitrail est une vieille tradition locale. Outre une ancienne fabrique de vitraux, il existe plusieurs ateliers de qualité dont les magasins de souvenirs vendent les œuvres : des papillons multicolores, des carreaux, des miroirs.

Dans un atelier, le choix sera plus vaste, et les objets plus gros. Pourquoi ne pas vous laisser tenter ?

Sukiennice

(la halle aux Draps)
Ul. Bracka 11 (F6)
☎ 012 430 21 04
Lun.-ven. 11h-16h, sam. 10h-15h, dim 10h30-14h.

Le nom est trompeur, la galerie est dans une rue partant du Rynek. Les objets anciens, un vieux pot à thé, un col en dentelle, un mouchoir brodé d'un monogramme nous en apprennent plus sur les générations précédentes que l'art exposé dans les musées. La beauté des nappes brodées, des vitraux, des peintures sur verre créés et décorés à la main par les artisans d'art réside dans leurs petites imperfections : un point de travers, des différences de ton ou de taille. Les jouets en bois vous feront craquer.

Pasaż Hetmański

(Passage du Hetman)
Entrée au n° 17 du Rynek Główny (F5-6)
T. l. j. 10h-20h.

Il relie le Rynek et la rue Bracka. Vous y ferez le plein de petits cadeaux et de souvenirs. Près de l'entrée, un rayon de T-shirts. Dans le fond, l'inévitable dragon du Wawel, des produits d'artisanat, des sacs, des foulards, et même des robes et des pantalons.

Cepelia

Kamienica Hipolitów, pl. Mariacki 3 (G6)
☎ 012 422 41 05
Lun.-ven. 11h-16h, sam. 10h-14h.

Cepelia, « produit d'exportation » créé il y a cinquante-cinq ans, promeut l'art populaire polonais en soutenant la création d'artistes ruraux et l'artisanat d'art, l'art décoratif. Peinture sur verre, meubles, tissus, articles en bois, en osier, en céramique, tout est fabriqué selon les méthodes traditionnelles et sur des modèles anciens. La Galerie des Hipolit présente surtout de la sculpture populaire. Dans la halle aux Draps, allez voir les échoppes du n° 31 au n° 42.

CALIK

Le sapin de Noël est venu d'Allemagne aux XVIIIe et XIXe s., d'abord décoré de pain azyme, de pommes, de noix, de bonbons et d'œufs peints. Grâce à la modernisation de la fabrication du verre, à la charnière des XIXe et XXe s., apparurent des boules de verre soufflé, ornement très prisé. La firme Calik produit depuis plusieurs dizaines d'années des boules aux couleurs féeriques, irisées, scintillantes de fils d'or ou d'argent, toutes faites à la main et emballées dans une boîte en bois.

Rynek Główny 7 (F5-6)
☎ 012 421 77 60
Lun.-ven.10h-19h, sam. 10h-17h, dim. 10h-15h.

Galeries

L'art contemporain polonais connaît un succès grandissant. La galerie Fejkiel est spécialisée en arts graphiques, la galerie Nova en art très nouveau, et celle de Starmach en art « de très haut niveau ». Les galeries d'art privées exposent aussi bien des tableaux de Wojciech Kossak que des peintres d'avant-garde contemporains et des œuvres de professeurs de l'académie des Beaux-Arts et de leurs meilleurs élèves.

NOVA

Ul. Józefa 22 (entrée par la rue Nowa) (D3)
☎ 012 292 10 42
Lun.-ven. 11h-18h.

La propriétaire de la galerie déniche de très jeunes artistes dans les académies des Beaux-Arts de toute la Pologne et dans les petites galeries. Les œuvres des artistes collaborant avec la galerie représentent diverses variantes du réalisme symboliste, allant de l'hyperréalisme au pop-réalisme en passant par le photoréalisme. Cela vaut la peine d'aller voir et… d'investir, car beaucoup de ces artistes seront peut-être bientôt très cotés.

Galeria Gołogórski

Ul. Grodzka 29 (F6)
☎ 012 421 44 19
Lun.-ven. 11h-19h, sam. 11h-15h.

La galerie du sculpteur Marian Gołogórski présente plusieurs domaines artistiques : sculpture, verrerie d'art, création de bijoux, mode. Vous y trouverez de l'art décoratif, des gravures et des toiles d'artistes cracoviens. Y ont exposé Jacek Sroka, Andrzej Folfas, Wiesław Obrzydowski, Leszek Oprządek, Anna Wiejak-Karpowicz, Paweł Taranczewski. C'est l'une des rares galeries à aider les étrangers désemparés par les formalités de douane concernant l'exportation des œuvres d'art.

Jan Fejkiel Gallery

Ul. Grodzka 65 (F6)
☎ 012 429 15 53
Lun.-ven. 11h-19h, sam. 11h-18h.

Née en 1991, la galerie offre un très grand choix de dessins et de gravures contemporains polonais. Les artistes exposés représentent diverses générations et divers courants artistiques. Parmi eux, Andrzej Kapusta, Jerzy Panek, Krzyszof Skórczewski, Janina Kraupe. De nombreuses expositions promeuvent les créations de jeunes artistes.

Gallery Starmach

Ul. Węgierska 5 (D3)
☎ 012 656 49 15
Lun.-ven. 11h-18h.

À l'âge où les petits garçons rêvaient d'avoir un train électrique, Andrzej Starmach, aujourd'hui l'un des plus grands marchands d'art polonais, rêvait de posséder une galerie. Il réalisa son rêve en 1989 dans des caves du Rynek. En 1997, cette galerie d'art polonais contemporain déménagea dans le quartier de Podgórze, dans l'ancienne maison de prières Zucher, du XIXe s., rénovée et adaptée à ses besoins. Chaque vernissage est un événement. Y sont exposés en permanence des artistes du Groupe de Cracovie comme Jerzy Nowosielski, Magdalena Abakanowicz, Marek Chlanda. La galerie présente aussi des artistes étrangers de renom : Joseph Beuys, Andy Warhol, Nobuyoshi Araki.

Szalom

Ul. Józefa 16 (D3)
☎ 012 292 32 70
ou 012 430 65 05
Lun.-ven. 11h-18h,
sam.-dim. 11h-15h.

Née du désir de sauver ce qu'il reste de l'ancien Kazimierz, elle est la première galerie du quartier, exposant des artistes connus comme Wiesław

Obrzydowski, Józef Furdyna, Ewa Preisner, Małgorzata Górnisiewicz ; et aussi de grands artistes israéliens tels Itamar Siani et Menashe Kadishman.

Piano Nobile

Rynek Główny 33 (F5-6)
☎ 012 422 53 95
Mar.-ven. 11h-17h.

Créée en 1991, la galerie expose et vend des tableaux, des dessins et gravures d'artistes reconnus du milieu cracovien et des professeurs des Beaux-Arts. Y dominent un courant à la palette riche, métaphorique, et l'abstraction géométrique, avec des œuvres de représentants du Groupe de Cracovie, des toiles de Kazimierz Mikulski et Władysław Maciejewski, des dessins et peintures de Jan Szancenbach, un remarquable coloriste.

ZDERZAK

La galerie de Marta Tarabuła existe depuis vingt ans. Son nom, inventé et dessiné par sa propriétaire, symbolise les heurts avec l'histoire, la ville et la politique. Le logo de la galerie est une allusion évidente au syndicat Solidarność. Elle organise aussi bien des expositions d'artistes de renom (Młodożeniec, Wróblewski), que de jeunes créateurs. Elle a toujours en vente des œuvres d'Anna Maria Bauer, Rafał Bujnowski, Stefan Gierowski, Julian Jończyk, Paweł Książek, Jadwiga Maziarska, Grzegorz Sztwiertnia, Janusz Tarabuła.

(le Butoir) – Ul. Floriańska 3 (G5)
☎ 012 429 67 43 – Mar.-sam. 12h-17h.

Cadeaux
et souvenirs

À rapporter de Cracovie : un *lajkonik*, un dragon du Wawel, des poupées en costume régional, un costume cracovien, des marque-pages en tapisserie. Dans le périmètre du Rynek, du Wawel et de Kazimierz, vous en trouverez en veux-tu, en voilà. Vous compléterez par un superbe diplôme attestant que vous avez entendu et écouté la trompette de l'église Notre-Dame. Les spécialités de Cracovie feront aussi de délicieux cadeaux, comme les bretzels et les fromages de brebis de Zakopane.

RUCH

Plac Mariacki 8 (G6)
T. l. j. 11h-16h
(9h-22h en été).

Y a-t-il un touriste qui n'aime pas rapporter quelques souvenirs de ses voyages ? Tous les amateurs de souvenirs beaux ou laids, grands ou petits, trouveront à cette adresse, tout près de l'église Notre-Dame, bibelots, cartes postales, plans, guides, beaux livres, journaux et bijoux en argent.

Pasaż Hetmański

(passage du Hetman)
Rynek Główny 17 (F5-6)
T. l. j. 9h-21h.

Dans la demeure historique du hetman, de petites boutiques de bibelots se sont installées dans le passage dit « Hetmański ». Vous trouverez là de quoi faire plaisir à tout le monde : des anges, des dragons du Wawel, des casquettes et des cartes postales. Près de l'entrée de la librairie, des T-shirts illustrés de dictons, au thème cracovien pour certains.

Mydlarnia

(La droguerie)
Ul. św. Gertrudy 3 (G6)
☎ 0 698 378 787
Lun.-ven. 11h-16h,
sam. 10h-14h.

Un magasin pour le corps et l'esprit. Des boules pour le bain relaxantes, des bougies parfumées pour créer une ambiance de détente. De la jolie céramique, des huiles de massage ou parfumées pour les soins du corps, et des savons faits main aux senteurs les plus variées.

Pamiątki z Kazimierza

(Souvenirs de Kazimierz)
Ul. Rabina Meiselsa 20 (C3)
10h-vers 20h (en hiver jusqu'à 18h).

Ce minuscule espace déborde de tableaux, de sculptures et de vitraux miniatures, autant d'idées cadeaux qui tiendront facilement dans votre valise. Sur les rayons voisinent les statuettes de violonistes juifs et les dragons du Wawel. On y trouve aussi des cartes postales faites à la main et des cartes traditionnelles, et de petits napperons brodés de motifs cracoviens.

Galeria d'Art Naïf

Ul. Józefa 11 (D3)
☎ 012 421 06 37
Lun.-ven. 11h-18h, sam. 11h-16h, dim. (irrégulièrement) 11h-15h.

Art naïf, création d'amateurs, art brut, l'art présenté ici est loin des courants officiels et des modes. Le fondateur de la galerie est Leszek Macek, l'un des plus grands collectionneurs d'art naïf de Pologne. Les toiles troublantes de Maria Wnęk, la peinture sur verre de Krzysztof Okoń, les tableaux folkloriques de Katarzyna Gaweł, les dessins et gravures de Jan Nowak ont été exposés dans le monde entier. Beaucoup ont été achetés par des musées, dont le musée d'Art brut de Lausanne.

Pachnący sklepik

(Le petit magasin parfumé)
Ul. Starowiślna 10 (D3)
☎ 012 431 08 03
Lun.-mar. 10h-19h, sam. 10h-15h.

Sa jolie vitrine invite le passant à en pousser la porte, aussitôt plongé dans une ambiance d'Orient, de Provence et d'Afrique, car les composants des produits viennent des quatre coins du monde. Le baobab de la ligne africaine, les produits de beauté *ayurveda,* à base de jasmin, de rose et de bois de santal, embaument. Les sels de bain à l'orange et à l'essence de girofle Kanu, une société polonaise, mettent de bonne humeur par les journées les plus mornes. De la céramique et de beaux brûle-parfums de production artisanale.

Galeria Osobliwości

(Galerie des Curiosités)
Ul. Sławkowska 16 (F5/G5)

☎ 012 429 19 84
Lun.-ven. 11h-19h, sam. 11h-15h.

« Je rêvais de créer un endroit où l'art et la nature seraient logés à la même enseigne », dit Zbylut Grzywacz, artiste peintre, sculpteur et professeur à l'académie des Beaux-Arts de Cracovie, et fondateur de la galerie. Parmi les œuvres d'Adam Hoffmann, des dessins où des formes humaines aux traits d'animaux voisinent avec une tête de rhinocéros, un squelette de singe, des oiseaux empaillés, d'anciennes illustrations du monde de la nature…

KRAMY W SUKIENNICACH

Plusieurs dizaines d'échoppes croulant sous de nombreux articles. Nul besoin de vous rendre à Zakopane pour trouver des souvenirs des Tatras. Des produits de l'artisanat local, des objets pratiques pour la maison et… d'autres tout ce qu'il y a de peu pratique ! Des bijoux et des nappes en lin brodé, de la céramique, des articles en verre et en cuir, des costumes cracoviens, des anges en bois… Malgré la foule, surtout l'été, faire du « lèche-échoppes » est toujours agréable.

(les Échoppes de la halle aux Draps)
Rynek Główny (F5-6)
T. l. j. 9h-20h.

Haltes gourmandes

Des épiceries où il fait bon flâner dans de jolis décors anciens, où il flotte une délicieuse odeur de café, de chocolat, de jambon fumé ou de pain paysan, font leur apparition. Si les plats régionaux mettent du sel dans la cuisine polonaise, les spécialités venant des quatre coins du monde y apportent du piquant. Les vendeurs, aussi passionnés que leurs patrons, sauront guider le choix des gourmands.

Spichlerz

(le Grenier)
Angle des rues Librowszczyzna et Wielopole (G6)
☎ 012 422 04 15
Lun.- ven. 9h-19h, sam. 8h-15h.

Les étagères croulent sous les délices comme les garde-manger de nos grands-mères. Difficile de résister aux lactaires, aux bolets, aux cornichons marinés, aux charcuteries traditionnelles fabriquées dans les villages des environs. Les étiquettes sont en papier recyclé, et du tissu de couleur recouvre les couvercles.

Alma

Galeria Kazimierz
Ul. Podgórska 34 (D3)
Lun.-sam. 10h-22h, dim. 10h-20h.

Dans les rayons d'épicerie fine, des produits polonais haut de gamme. Au choix, des jus de fruits naturels en bouteille de verre, des conserves de tradition, une délicieuse confiture de pétales de roses. Les airelles, la confiture de fruits entiers, les excellents pâtés à la prune et aux noisettes de Chłopskie Jadło sont un péché de gourmandise.

Delikatesy 13

Rynek Główny 13 (F5-6)
☎ 012 617 02 27
Lun.-sam. 9h-21h, dim. 11h-17h.

Le café et le chocolat embaument l'air (de délicieux chocolats fourrés sont fabriqués sur place). Des produits fins polonais et étrangers sont rassemblés dans les différents espaces du magasin : excellents jambons, charcuteries fumées, fromages, truffes, huiles d'olive. On peut aussi y trouver de quoi décorer la table pour agrémenter une soirée romantique.

Herba Tea

Ul. Kupa 2 (D3)
10h-20h.

Un lieu tranquille dans Kazimierz, loin de l'agitation de la place Nowy et de la rue Szeroka. Au choix, plus de 150 variétés de thé Darjeeling et Assam, de Ceylan, de Chine, du Japon et d'Afrique. D'excellents mélanges, de la « mandarine espagnole » qui met de bonne humeur, un « yunnan doré revigorant », du « roiboos à la pâte d'amandes » sans théine, un grand choix de thés verts. Dans l'arrière-boutique, un petit salon de thé avec vue sur cour, où l'on peut parfois écouter un concert.

Cukiernia Cichowscy

(pâtisserie Cichowski)
Ul. Starowiślna 21 (D3)
☎ 012 421 02 27
Pâtisserie : lun.-ven. 8h30-18h, sam. 8h30-14h30. Salon de thé : lun.-ven. 10h-19h, sam. 9h-17h.

Cette pâtisserie entretient depuis des dizaines d'années la tradition des beignets à la rose, des éclairs, des meringues et des *kremówki*. Gardez-vous de confondre *kremówka* et *napoleonka*. La première est une sorte de mille-feuille fourré de crème pâtissière et de crème fouettée. La seconde est faite d'une mousse rose entre deux couches de pâte feuilletée. On peut déguster sur place de bons chocolats maison et des douceurs en buvant un café.

Pracownia smaku u Włocha

(Atelier du goût chez l'Italien)
Ul. Starowiślna 15 (D3)
☎ 012 429 64 64.

Cette épicerie fine italienne réjouit tous ceux qui sont las de la sempiternelle côtelette de porc au chou. Ils y trouvent d'excellentes olives et tomates séchées, des vins et des fromages, un grand choix de pâtes de toutes les formes et de toutes les couleurs.

NATURALNY SKLEPIK

La cour où se cache ce petit magasin vous incite à faire une pause dans votre programme de visites. Deux petites tables, des corbeilles de pommes, un vieux vélo et un chat qui arpente fièrement son territoire. On y vient pour ses épices d'Inde, du Tibet, de Thaïlande, d'Amérique du Sud, et ses herbes fraîches exotiques. On y trouve aussi des articles en céramique et des produits de beauté naturels polonais.

(Petit magasin naturel)
Ul. Krupnicza 8 (F5) – Lun.-ven. 9h-19h, sam. 9h-15h.

Sortir mode d'emploi

L'année est rythmée par d'intéressantes manifestations, classiques ou off. Quand s'achève la saison à la Philharmonie (fin juin), et dans les théâtres (fin juillet), commence la saison des festivals et des actions d'art alternatif. Beaucoup de manifestations en plein air, des festivals de *pierogi*, de soupes... et des spectacles de rue. Les informations sont à glaner dans les galeries et les prospectus déposés dans les pubs.

Où sortir ?

Les concerts ont lieu à la Philharmonie, mais aussi dans les églises, dans la salle de *L'Hommage prussien* de la halle aux Draps et dans les salles d'apparat du château de Wawel. Le mois de juin est très riche en manifestations culturelles variées. Des orchestres, des danseurs, le Lajkonik le dimanche suivant la Fête-Dieu se produisent presque tous les jours sur une scène dressée sur le Rynek, près du beffroi de l'hôtel de ville. Le dernier samedi de juin, les Wianki, la Fête des couronnes, se déroulent sur la Vistule. Mais le plus grand événement du début de l'été, c'est le Festival de culture juive. Juillet et août sont la saison des festivals de musique et la fête du théâtre One-Man Show. Pendant l'avent et les fêtes de Noël vient le temps du marché de Noël sur le Rynek et des crèches de Cracovie.

Festivals et manifestations

Les Shanties, Festival international de la chanson de marin, réchauffent en février, à la sortie de l'hiver. L'apparition des premiers forsythias au début de mars annonce le Festival Bach. Suivent en avril les Réminiscences théâtrales

SE REPÉRER

Nous avons indiqué à la suite de chacune des adresses des chapitres Séjourner, Shopping et Sortir leur localisation sur le plan placé à la fin du guide.

de Cracovie et le Festival international de théâtre universitaire en langue française.
À la mi-mai commence le Printemps du Ballet.
L'avant-dernier ou le dernier samedi du mois, tous les musées de Cracovie sont ouverts jusqu'à 1h du matin pour la Nuit des musées.
Du 3 au 5 juin, la ville est en fête. De nombreuses manifestations sont alors organisées, dont la Nuit blanche (une cinquantaine de restaurants ferment plus tard qu'à l'accoutumée) et la fête des rues Bracka et Józefa.
De la fin juin à la mi-août a lieu le Festival Opera Viva et, du début de juillet jusqu'à la fin du mois d'août, le Festival du vieux jazz de Cracovie.
La Piwnica pod Baranami vibre tous les jours à 21 h pendant le Festival d'été de jazz (en général du 10 juillet au 7 août).
La deuxième semaine de juillet, des compagnies du monde entier participent au Festival international du théâtre de rue, suivi à la fin du mois par le Festival Rozstaje (Carrefours) : des groupes d'Europe centrale jouent de la musique populaire.
Août se passe sous le signe du Festival de musique du Vieux-Cracovie. Le Festival des danses de cour présente spectacles et cortèges.
La musique est encore à l'honneur en septembre avec le Festival Sacrum-Profanum à la Philharmonie, puis à la mi-octobre, avec le Festival de la chanson estudiantine.
Novembre est le mois des Rencontres avec la culture juive Bajit Chadasz.

LE FESTIVAL DE CULTURE JUIVE

Cette remarquable manifestation (concerts, chantres, ateliers, cours), où se produisent de grands artistes venus du monde entier, commence la dernière semaine de juin et s'achève le premier samedi de juillet par un grand concert rue Szeroka. Il commence tard le soir et se prolonge jusqu'à 1h ou 2h du matin. L'atmosphère est extraordinaire, très chaude même s'il pleut.

À la mi-décembre a lieu le Festival national des dessins animés d'auteurs.
Puis le grand bal de la Saint-Sylvestre organisé sur le Rynek clôt l'année.

Répertoire

Vous trouverez le programme des concerts dans le mensuel *Miesiąc w Krakowie* ou sur le site Internet www.cracow.pl.
Le journal gratuit *Aktivist* distribué dans les pubs et les clubs (www.aktivist.pl) est une excellente source d'informations sur la vie nocturne de la ville.
Des suggestions sur les bars de nuit et le clubbing sur le site www.clubber.pl.
Autre site pour se renseigner sur les manifestations culturelles : www.krakownaszemiasto.pl.

Réserver un spectacle

Les billets sont en vente avant les spectacles à la caisse des théâtres ou de la Philharmonie, à l'entrée des églises, ou encore à Filmotechnika :
Rynek Główny 9
Pasaż Bielaka
☎ 012 422 89 45 / 012 421 23 43.

Classique...

4

1 – Filharmonia
2 – Capella Cracoviensis
3 – Kino Sztuka ARS
4 – Piwnica pod Baranami

N'ayant pas de siège permanent, l'orchestre se produit dans des lieux historiques, au Wawel, dans la halle aux Draps ou dans des églises.

Musique

Filharmonia

(Philharmonie)
Ul. Zwierzyniecka 4 (F6)
Lignes de tramways n° 1, 4, 7, 8, 14, 38
arrêt Filharmonia
☎ 012 422 94 77
Les concerts commencent habituellement entre 18h30 et 19h30.

Le bâtiment de la Philharmonie, bâti en 1931 sur des jardins appartenant à des religieuses d'après les plans de Józef Pokutyński, abrita d'abord un cinéma. Un grand concert symphonique donné le 3 février 1945 marqua la reprise de son activité après la guerre. En 1982, un buste de Karol Szymanowski fut érigé dans le hall.

Capella Cracoviensis

Capella Cracoviensis est l'un des meilleurs ensembles de musique de chambre de Pologne. Ses concerts sont toujours remarquables. À son répertoire, des œuvres du Moyen Âge et de la musique contemporaine, avec une préférence pour la musique ancienne polonaise.

Théâtre

Stary Teatr im. Heleny Modrzejewskiej

(Vieux théâtre Helena-Modrzejewska)
Ul. Jagiellońska 5 (F5-6)
☎ 012 422 85 66
Spectacles à 18h30, 19h30, 20h.

Ses mises en scène novatrices font parler de lui depuis les années 1950. En 1991, il obtint le statut officiel de théâtre national. La troupe a été dirigée par de grands metteurs en scène, dont Andrzej Wajda, Jerzy Jarocki,

Józef Szajna, Krystian Lupa i Konrad Swinarski. Ce dernier y imposa sa vision personnelle du théâtre romantique. Le théâtre Stary possède également une scène rue Starowiślna et une autre rue Sławkowska.

Teatr im. J. Słowackiego

(théâtre Słowacki)
Plac św. Ducha 1 (G5)
☎ 012 424 45 00.

Dirigé depuis 1999 par Krzysztof Orzechowski, il joua un très grand rôle à l'époque de la Jeune-Pologne. *La Varsovienne* (1898), *Les Noces* (1901), *Libération* (1903), *Nuit de novembre* (1908) de Stanisław Wyspiański y furent jouées en avant-première. La scène Miniatura présente du théâtre contemporain polonais et étranger. Pendant les mois d'été, des œuvres poétiques sont jouées sur une scène en plein air, la scène de la Pompe (Scena przy Pompie).

Teatr Bagatela

(théâtre Bagatelle)
Ul. Karmelicka 6 (F5)
☎ 012 422 66 77 poste 111
Spectacles à 18h, 19h et 19h15.

Au n° 6, rue Karmelicka, il existait depuis 1913 un restaurant avec un orchestre féminin. En 1919 lui succéda un théâtre dont le propriétaire, Marian Dąbrowski, était l'éditeur d'*Ilustrowany Kuryer Codzienny (Courrier quotidien illustré)*. Bagatela divertissait le public à l'instar des théâtres de boulevard parisiens, avec un répertoire polonais et étranger de comédies et de farces joué par des acteurs remarquables. Le répertoire reste léger, mais il est ambitieux.

Cabarets

Kabaret Piwnica pod Baranami

(cabaret La Cave aux béliers)
Rynek Główny 27 (F5-6)
☎ 012 421 25 00.

Même si ce n'est plus la grande époque du Pod Baranami, une visite dans ce lieu mythique fondé en 1956 par Piotr Skrzynecki, héritier du *Zielony Balonik* et dernier représentant de la bohème cracovienne, s'impose. Les spectacles, toujours improvisés, commençaient « vers » 22h ou 23h. Intelligents et drôles, on s'y amusait beaucoup. S'y produisirent Ewa Demarczyk, Krystyna Zachwatowicz, Wiesław Dymny, Krzysztof Komeda et Andrzej Kurylewicz. Zygmunt Konieczny et Andrzej Zarycki composaient la musique. Fermé en 1997 à la mort de Piotr Skrzynecki, il rouvrit un an plus tard avec quelques anciens et de jeunes artistes. Le Tout-Cracovie artistique s'y retrouve avant Pâques, pour « l'œuf », et avant Noël, pour l'« opłatek », le partage traditionnel du pain azyme.

MAIS AUSSI

- **Loch Camelot** Ul. św. Tomasza 17 ☎ 012 423 06 38 (voir p. 96),
- **Teatr Ludowy** Os. Teatralne 14 ☎ 012 421 50 16 (voir p. 64),
- **« Łaźnia Nowa »** Os. Szkolne 25 ☎ 012 425 03 21 (voir p. 65),
- **Opera** : actuellement hôte du théâtre Słowacki (p. 131) ; nouveau bâtiment en construction.

Kino Sztuka ARS

(Cinéma Art ARS)
Ul. św. Jana 6 (F5/G5)
☎ 012 421 41 99.

Cette vieille demeure abrite une Kiniarnia, où l'on peut regarder un film projeté sur un petit écran en buvant un verre, et quatre salles : Aneks, Reduta, Salon, Sztuka. Le week-end, les dernières séances commencent vers 23h.

Bars de nuit, pubs

1 – Dym
2 – Singer
3 – Mleczarnia
4 – Alchemia

Alchemia

Ul. Estery 5 (D3)
☎ 012 421 22 00
T. l. j. jusqu'au dernier client.

Au-dessus du bar, un crocodile. On traverse une armoire pour passer d'une salle dans l'autre… C'est le lieu le plus branché de Kazimierz. L'intérieur, éclairé à la lueur des bougies, évoque un atelier d'alchimiste. Une flambée dans la cheminée réchauffe par temps frais. En bas, dans les caves (éclairage électrique), un second bar et une salle où ont lieu des concerts et des projections de films d'art et d'essai. Les soirs du week-end, les places sont chères. Les après-midi sont plus calmes. Pendant les beaux jours, la terrasse, sur la place Nowy, est agréable. Des sandwichs et de bons gâteaux aux pommes ou au fromage blanc.

Baraka

Angle des rues Warszauera et Estery (D3)
☎ 012 429 17 98
T. l. j. de 10h jusqu'au dernier client.

Le décor tranche avec celui des autres bars de Kazimierz. Avec ses fauteuils et ses canapés rouges, son bar à l'éclairage psychédélique bleu et rouge, on dirait un laboratoire ou un vaisseau cosmique dans un film de science-fiction. Un escalier métallique argenté mène à une autre salle à l'étage (ouverte jusqu'à 17h) et à une galerie qui expose de jeunes artistes. Grand choix d'alcools et bon café.

Singer

Angle des rues Izaaka et Estery (D3)
☎ 012 292 06 22
T. l. j. de 10h à 2h ou 3h.

Premier pub ouvert à Kazimierz et toujours très à la mode. Des machines à coudre Singer ont été transformées en tables. Des trois salles, la première est la plus calme et la moins enfumée. La deuxième est la plus agréable. Dans la troisième, aux tons noirs, on passe plus inaperçu. L'ambiance chauffe vers minuit. On y sert de l'alcool, du café et du thé, des gâteaux.

Mleczarnia

(la Crèmerie)
Ul. Meiselsa 20 (D3)
☎ 012 421 85 32
T. l. j. de 10h au dernier client (en général jusqu'à minuit-1h, sam.-dim. jusqu'à 2h-3h, l'été plus tard).

Le jour, on y boit du café ; la nuit, du vin ou de la bière. Le mobilier ancien et les napperons au crochet sur les tables évoquent un salon cracovien à la splendeur passée… Le café-club, outre cocktails et vodkas, sert de délicieuses pommes d'amour au caramel et à la cannelle, de bons sandwichs et *pierogi*. Au bar, belle carte des vins. L'été, on peut siroter du vin assis dans un fauteuil en osier à l'ombre des vieux arbres de la terrasse.

Propaganda

Ul. Miodowa 20 (D3)
☎ 012 292 04 02
T. l. j. de 12h à 3h.

Un lieu culte de Kazimierz. L'intérieur est envahi de gadgets datant de la Pologne populaire. Les murs sont couverts d'affiches, de panneaux, de rouleaux de papier-toilette, de portraits de Lénine. Des tables, des chaises, un fauteuil-lit, un sofa de l'époque communiste aussi. « The » cocktail est le *wściekły pies*, le chien enragé : de l'alcool glacé, quelques gouttes de Tabasco et un fond de jus de framboise, excellent pour commencer ou finir la soirée.

Dym

(Fumée)
Ul. św. Tomasza 13 (G5-6)
☎ 012 429 66 61
T. l. j. de 2h à 3h.

Apprécié des artistes, des gens de lettres et des photographes. On y va pour discuter, régler des affaires et se montrer. Le local n'est pas très grand (quelques tables à l'entresol au fond de la salle). Du printemps à l'automne, on peut s'asseoir à l'extérieur. Bon café, alcools, délicieux gâteau au fromage blanc.

Paparazzi

Ul. Mikołajska 9 (G6)
☎ 012 429 45 97
T. l. j. de 11h à 1h.

De bons alcools et cocktails, des amuse-gueules, des salades et des pâtes. Contrairement à ce que laisse entendre son nom, ce n'est pas le lieu de rendez-vous des journalistes et des reporters. Mais des photos, des coupures de presse, des brèves amusantes, des curiosités ornent ses deux salles, agréables, tout en longueur.

Klub Kulturalny

(Club culturel)
Ul. Szewska 25 (F5-6)
☎ 012 429 67 39
T. l. j. de 12h à 3h.

L'endroit favori des trentenaires. À en croire la plaque placée à gauche du porche, c'est plus une institution qu'un pub. Porte et enseigne sont typiques de l'esthétique des années 1960 et 1970. Le bar se trouve dans les caves. Dans la salle principale, un labyrinthe en mosaïque noir et blanc. Grand choix d'alcools. Le cocktail le plus demandé est la *szarlotka*, composé de *żubrowka* et de jus de pomme.

U Louisa

(Chez Louis)
Rynek Główny 13 (F6)
☎ 012 617 02 22
T. l. j. jusqu'à environ 2h.

On descend dans le pub, situé dans des caves très profondes, par le passage du Commerce. Des expositions de photos de pays exotiques ornent souvent la brique des murs. Des concerts de jazz sont donnés le week-end. Des alcools, un grand choix de bières, du café et du thé, et aussi de très bons *pierogi* et des crêpes.

Jazz clubs,
rock et alternatifs

1 – Piec Art
2 – Prozak
3 – Reaktywacja
4 – Cień

Reaktywacja

Ul. Grodzka 34
(F6)
De 16h jusqu'au dernier client, spectacles à partir de 20h
Entrée libre.

Le club occupe les caves et le rez-de-chaussée d'une ancienne demeure (salle VIP). Quatre-vingt personnes tiennent sur ses deux niveaux. Karaoké les mardi, jeudi et vendredi dans la salle VIP, et danse au sous-sol à partir du mercredi (un beau dance floor). Essentiellement de la musique club : house, électro-techno (les mercredis, hip-hop et R'n'B). Les étudiants apprécient le lieu. Goûtez au bar le cocktail *Reaktywacja*.

Błędne Koło

(Le cercle vicieux)
Ul. Bracka 4 (F6)
Lun.-jeu. à partir de 17h, ven.-dim. de 19h jusqu'au dernier client
Entrée à partir de 21 ans.

Des cocktails colorés : *Błędne koło*, *Różowa pantera*, *Chocolate grasshopper* ; des sofas confortables (à ne pas négliger pendant les danses enivrées du soir !). En semaine, de la musique vinyle. Du jeudi au dimanche, tous les genres de musique house : reggae Jamaïca, jungle, jazz, ragga et dancehall, R'n'B'. Un lieu très branché.

Cień

(Ombre)
Ul. św. Jana 15 (F5/G5)
☎ 012 422 21 77
Entrée à partir de 21 ans.

Un local très apprécié et très mode dans une cave, selon

la tradition locale, du palais Lubomirski. Y règnent la pénombre et l'obscurité. Soirées club, avec la participation de DJ étrangers. House music et variantes. Les grands soirs, on peut se trémousser sur les deux dance floors. Le club se réserve le droit de sélectionner ses clients.

Chillout Club

Ul. Warszauera 3
Accès par la rue Kupa (D3)
☎ 012 429 40 88
12h-minuit, sam. jusqu'au dernier client.

Dans la journée, café ; le soir, club de musique. Le rouge est la couleur dominante du décor. Sont organisés des spectacles, des défilés de mode, des vernissages. On peut y prendre un repas léger, un dessert de fruits frais, surfer sur Internet. Mais c'est avant tout un club où des DJ jouent de la musique live. Beaucoup d'acid jazz, de funky et de house music.

Piec Art

(Poêle art)
Ul. Szewska 21 (F5-6)
☎ 012 429 64 25
Lun.-dim., de 15h jusqu'au dernier client
Entrée à partir de 21 ans.

Un pub, un restaurant (soupe de poisson, gril) et un bar avec un joli poêle. Le lieu, réservé aux initiés, a une grande renommée. Dans la salle du pub, un piano. Des photographies noir et blanc aux murs. Le mercredi, jazz live. Le club a un studio de cinéma.

Harris Piano Jazz Bar

Rynek Główny 28 (F6)
☎ 012 421 57 41
Concerts à partir de 21h.

Ouvert en 1997, ce jazz club est très *in*. Vous y entendrez du jazz et du bon blues. Musique live quatre fois par semaine. Mardi : jazz traditionnel ; jeudi : jam session ; vendredi : blues ; samedi : concerts de musiciens connus et de formations de jazz polonaises et étrangères.

Stalowe Magnolie

(Magnolias d'acier)
Ul. św. Jana 15 (F5/G5)
☎ 012 422 84 72.

Il faut sonner pour entrer. Un éclairage agréable, des canapés confortables. Dans la salle réservée aux membres du club, de voluptueux lits à baldaquin. Une ambiance fin de siècle. Danse le jeudi et le week-end. En semaine, jazz, rock et musique latino-américaine, et, le week-end, des soirées avec les meilleurs DJ (les invitations, gratuites, sont à retirer au club). On s'y sent à l'aise même si on a nettement passé la trentaine.

Prozak

Plac Dominikański 6 (F6/G6)
☎ 012 429 11 28
Lun.-sam. à partir de 17h, dim. à partir de 19h jusqu'au dernier client.

Un endroit très populaire parmi les Cracoviens et les touristes. Le décor est très beau. Du mercredi au samedi, des soirées dansantes, de la musique club.

Indigo

Ul. Floriańska 26 (G5)
☎ 012 429 17 43
Lun.-jeu. 14h-3h, ven. à partir de 14h, sam. à partir de 16h jusqu'au dernier client, dim. 16h-3h.

De belles caves gothiques (quatre salles). Dans la journée, on peut discuter, et le soir écouter du bon jazz. On y est parfois très serrés.

Roentgen

Plac Szczepański 3 (F5)
☎ 012 431 11 77
De 15h jusqu'au dernier client
Entrée à partir de 21 ans.

Un des clubs les plus branchés de Cracovie. En semaine, on s'y retrouve entre amis pour écouter de la bonne musique. Du mercredi au samedi, on danse. Du jeudi au samedi, on écoute des DJ de renom. Des ambiances house très branchées, mais les amateurs de drum'n'bass ou minimal passent aussi de bons moments. Le club s'est agrandi de nouvelles caves où se divertir le week-end.

Showtime

Rynek Główny 28 (F5-6)
☎ 012 421 47 14
Lun.-dim. 18h-4h.

Situé dans une demeure du XVIe s., ce club occupe deux étages. Les fenêtres donnent sur le Rynek. C'est le plus grand de Cracovie et il est climatisé ! Tous les jours, de la musique live : pop, rock, soul, dance et DJ.

Expressions usuelles

Bonjour (le matin) : dzień dobry
Au revoir : do widzenia
Bonsoir : dobry wieczór
Manger : jeść
Merci : dziękuję
Boire : pić
Comprenez-vous ? :
Czy Pan/Pani zrozumiał pytanie ?
Excusez-moi : przepraszam
Je ne comprends pas : Nie rozumiem
Je veux : Chcę
Je voudrais : Chciałbym/Chciałabym
Parlez-vous français ?
Czy mówi Pan/Pani po francusku ?
S'il vous plaît : proszę bardzo
Combien cela vaut-il ? Ile to kosztuje ?
C'est trop cher : To jest zbyt drogie

Espace et temps

Après : później
Aujourd'hui : dzisiaj
Avant : wcześniej
Demain : jutro
Hier : wczoraj
Maintenant : teraz
Où : gdzie
Quand : kiedy
Tard : późno
Tôt : wcześnie
À demain : Do zobaczenia jutro
Heure : godzina
Quart d'heure : kwadrans
Minute : minuta
Quelle heure est-il ? Która jest godzina ?

Faire du shopping

Antiquité : antyk
Argent : pieniądze
Argent (matière) : srebro
Bottes : buty, półbuty
Boutique : sklep
Casquette : czapka
Ceinture : pasek
Chapeau : kapelusz
Chaussures : buty
Chaussures à lacets : buty sznurowane
Chaussettes : skarpetki
Chemise : koszula
Coton : bawełna
Cravate : krawat
Cuir : skóra
Dentelle : koronka
Drap : prześcieradło
Étiquette : metka
Grand magasin : dom towarowy
Imperméable (manteau) :
płaszcz przeciwdeszczowy
Jouet : zabawka
Jupe : spódnica
Jupe droite : spódnica prosta
Jupe plissée : spódnica plisowana
Lacet : koronka
Laine : wełna
Lin : len
Livre : książka
Marché : targ
Mocassin : mokasyn
Mode : moda
Nappe : obrus
Napperon : serwetka
Or : złoto
Pardessus : płaszcz
Pointure : rozmiar
Pois : w grochy (Tissu à pois : materiał w grochy)
Pull-over : sweter
Prix : cena
Rayure : paski (tissu à rayure : materiał w paski)
Rétrécir : zbiec się
Robe : sukienka
Sac : torba (sac à main : torebka)
Soie : jedwab
Soldes : wyprzedaż
Sous-vêtements : bielizna
Soutien-gorge : biustonosz
Supermarché : supermarket
Taie d'oreiller : poszewka na poduszkę
Talons hauts : wysokie obcasy
Uni : gładki (tissu uni : gładki materiał)
Veste : kurtka

Les nombres

Un, une : jeden
Deux : dwa
Trois : trzy
Quatre : cztery
Cinq : pięć
Six : sześć
Sept : siedem
Huit : osiem
Neuf : dziewięć
Dix : dziesięć
Onze : jedenaście
Douze : dwanaście
Treize : trzynaście
Quatorze : czternaście
Quinze : piętnaście
Seize : szesnaście
Dix-sept : siedemnaście
Dix-huit : osiemnaście
Dix-neuf : dziewiętnaście
Vingt : dwadzieścia
Vingt et un : dwadzieścia jeden
Trente : trzydzieści
Qurarante : czterdzieści
Cinquante : pięćdziesiąt
Soixante : sześćdziesiąt
Soixante-dix : siedemdziesiąt
Quatre-vingt : osiemdziesiąt
Quatre-vingt-dix : dziewięćdziesiąt
Cent : sto
Mille : tysiąc

À la douane

Carte d'identité : dowód osobisty
Douanier : celnik
Passeport : passport
Devises étrangères : waluta obca
Rien à déclarer ? :
Czy ma Pan/Pani coś do oclenia ?
Objets personnels : rzeczy osobiste

À l'hôtel

Réservation : rezerwacja
Avez-vous des chambres libres :
Czy są wolne pokoje ?
Je voudrais une chambre :
Chciałbym/Chciałabym zarezerwować pokój
Lit à deux places : podwójne łóżko
Une chambre à un lit : pokój jednoosobowy
Une chambre à lit double :
pokój dwuosobowy z jednym łóżkiem
Une chambre à deux lits :
pokój dwuosobowy z dwoma łóżkami
Salle de bains particulière : pokój z łazienką
Quel est le prix : Ile kosztuje pokój ?

Au restaurant

Addition : rachunek
Assiette : talerz
Bière : piwo
Bœuf : wołowina
Boisson (sans alcool) : napój bezalkoholowy
Boisson alcoolisée : drink alkoholowy
Bouteille : butelka
Côtelette : kotlet
Couteau : nóż
Cuillère : łyżka
Déjeuner : lunch
Dessert : deser
Dîner : obiad
Eau : woda
Fourchette : widelec
Fromage : ser
Menu : menu
Moutarde : musztarda
Pain : chleb
Petit déjeuner : śniadanie
Repas : posiłek
Salade : sałatka, sałata
Viande : mięso
Vin : wino
Service compris : obsługa wliczona w cenę
Garçon : kelner

A

B

C

D

E

F

G-H

I-J

K

Ce guide a été établi par **Elżbieta Lisowska** et **Andrzej Lisowski.**
Traduction : **Laurence Dyèvre.**

Cartographie : Magdalena Polak, Michał Zieliewicz
Conception graphique : Pawel Kamiński
Mise en pages : Ewa Roguska

Édition française :
Conception graphique de la couverture : Thibault Reumaux
Cartographie : Frédéric Clémençon et Aurélie Huot
Ont également collaboré : Aurélie Joiris-Blanchard et Jean-Pierre Marenghi

Écrivez nous :

Aussi soigneusement qu'il ait été établi, ce guide n'est pas à l'abri des changements de dernière heure, des erreurs ou omissions. Ne manquez pas de nous faire part de vos remarques. Informez-nous aussi de vos découvertes personnelles, nous accordons la plus grande importance au courrier de nos lecteurs :

Guides *Un grand week-end*, Hachette Tourisme, 43 quai de Grenelle – 75905 Paris Cedex 15
E-mail : weekend@hachette-livre.fr

Contact partenariats institutionnels et publicité :
amagniez@hachette-livre.fr ☎ 01 43 92 32 53.

Crédit Photographique

Intérieur :

Toutes les photographies de cet ouvrage ont été réalisées par **Wojciech Mędrzak**, à l'exception de celles des pages suivantes :

BE&W : © Łukasz Zandecki p. 17 (ht.d.) ; © **Janusz Leśniak** p. 18 (ht.g., b.d.), 23 (ht.d.), 27 (ht.d.), 49 (c.d.), 57 (ht.g.), 81 (ht.c.), 95 (b.d.), 108 (ht.g.), 130 (ht.g., ht.d.) ; © **Tappe** p. 19 (c.g.) ; © **Marek Wachowicz** p. 19 (b.d.), 31 (b.d.).

© **James David/Corbis Sygma** p. 27 (c.g.)

© **Chris Lisle/Corbis** p. 93 (ht.d.).

© **Peter Adams/Zefa/Corbis** p. 128.

Andrzej Chęć : p. 19 (ht.d.), 48 (b.c.), 54 (b.c.), 78 (c.g.), 79 (ht.d.).

Dorota et Mariusz Jarymowicz : p. 117 (ht.c.).

Stanisław Michta : p. 14 (ht.g., c.d.), 31 (ht.c.), 53 (c.c.), 71 (c.g.), 80 (ht.g.).

Wacław Łaba : p. 91 (b.g.).

Rafał Stachurski : p. 39 (b.d.), 69 (c.g.), 82, 83.

Andrzej Zygmuntowicz : p. 13 (b.g., c.c., b.d.).

Hachette Livre : p. 118 (ht.g.).

Amadeus (p. 86 ht.g.), **Francusi** (p. 86 c.d.), **Pod Aniołami** (p. 90 ht.d.), **Szara** (p. 90 c.d.), **Cherubino** (p. 91 ht.c.), **Nostalgia** (p. 92 b.c.), **Chimera** (p. 94 ht.g.), **MJM** (p. 102 ht.d. et p. 103 ht.c.), **Piec Art** (p. 134 ht.g.), **Reaktywacja** (p. 134 c.g.), **Cień** (p. 134 c.d.), **Harris Piano Bar** (p. 135 ht.c.), **Showtime** (p. 135 b.d.).

Couverture :

Wojciech Mędrzak à l'exception des personnages en bas © **Image Source / Getty Images**

Rabat avant de couverture :

© **Image Source / Getty Images**

Illustrations

Aleksandra Strzelecka

Publié sous le titre original : Wspaniały weekend w Krakowie – Hachette Livre Polska 2006

Imprimé en France par IME - 25110 Baume-les-Dames
Dépôt Légal : – 70684 – Septembre 2006 – Collection N°44 – Édition : 01
ISBN : 2.01.240474-X – 24/0474/7